本书系国家社科基金项目"企业社会责任（CSR）与社会和谐发展"（09BKS027）最终成果

QIYE SHEHUI ZEREN YU SHEHUI HEXIE FAZHAN WENTI YANJIU

企业社会责任与社会和谐发展问题研究

曲庆彪 李玉珂 苑晓杰 著

人民出版社

目　　录

前　　言

一、研究背景及意义

促进社会和谐发展,推进社会主义和谐社会建设,是中国共产党在全面建成小康社会新时期推进中国特色社会主义发展的重大战略任务。2008年以后,中国社会科学院经济学部企业社会责任研究中心连续发布《中国企业社会责任研究报告》,2009年2月2日温家宝在英国剑桥大学发表了题为《用发展的眼光看中国》的演讲,他提出:"我们应该倡导:企业要承担社会责任,企业家身上要流淌着道德的血液",从而阐明了企业践行社会责任的必要性。2013年3月国家主席习近平出访非洲时提出,中国政府将鼓励企业扩大对非洲的投资,尤其是在机械制造业、农业和基础设施建设领域扩大对非洲的投资,中国政府将要求在非洲中国企业积极履行社会责任。社会问题基于一定的社会历史背景和社会历史条件,当某一社会问题给予公众以较大影响时,它将进入学术研究和政府决策视野。我们研究"企业社会责任与社会和谐发展"这一问题,有其研究背景,也有其研究价值。

第一,1978年改革开放后,在允许多种所有制经济成分共同发展的政策背景下,中国企业获得前所未有的大发展,形成了多样化的经济组织,以及多种所有制形式的经营企业,因而引导、服务、管理、监督企业的发展,匡正企业行为,科学定位企业,势在必行。

在1978年改革开放前的计划经济时期,我国的企业形式简单,只有国有企业和集体企业两种。从总体上看,无论哪一种企业,其责任是无边界的,可谓是企业办社会。这种情况致使企业包袱大、负担重,企业失去了自主经营的能力和权利。在计划经济时期,虽然企业承担了大量责任,但还不能简单地将这些"责任"理解为社会责任,因为企业社会责任不同于政府责任,也不同于一般意义上社会责任,更不同于责任。

1978年改革开放后,在新的历史背景下,中国企业获得了新发展:一是企业形式从单一的公有制企业发展成为多种所有制形式的企业,其中有国有企业、集体企业、合作制企业、民营企业、外资企业等等,形成了多样化的市场主体。二是国有大中型企业减量,今天,由中央和地方政府管理的国有企业总计两千多个,同时其他类型企业迅速增量。三是在改革的背景下,适应企业的现代管理,原有企业办社会的模式得到纠正,去除了强加在企业身上的包袱,减轻了企业的负担。

但是,在改革背景下,在企业卸掉包袱后,也出现了新问题,即在强调企业自主经营、自负盈亏的同时,企业随之热衷于利润而不愿意担负社会责任。在20世纪80年代和90年代初期,一些新兴企业(民营企业、外资企业等)基本不承担员工的养老、医疗乃至工伤责任。在那一时期,很大程度上这些新兴企业是追逐自身利益的机器,其运营也导致一些社会问题,例如,产生社会上无养老、医疗保障的人群;因安全生产所致的伤残人群;因工业污染造成的社区人健康问题;等等。

所以,为了企业的可持续发展,为了全面建成小康社会,为了国家民族的整体利益,必须重新审视企业的责任,必须认识到企业经济行为关联性,必须关注企业的社会效益,必须以科学的态度和思维对待企业社会责任。

第二,我国企业社会责任问题频发,引起社会各方的关注。在国家安全生产监督管理局网站上公布了自2010年以来处理的全国安全生产事故多达近百起。2014年1月,浙江温岭市大东鞋厂的火灾事故,造成16人死亡,5人受伤;2014年1月,云南迪庆藏族自治州香格里拉县独克宗古城的火灾,造成房屋直接损失8983.93万元;2014年12月,上海外滩踩踏事件致使36人死亡,40多人受伤。2015年6月,长江客轮沉船事件致使400多人遇难;2015年8月,天津滨海新区危险化学品爆炸事件致使100多人死亡,损失惨重。近些年来,企业生产安全事故频发,各种食品安全事件频现,对公众的人身和财产安全危害系数增大,以至于形成了"甲醛白菜"、"地沟油"、"毒豆芽"、"注水猪肉"、"瘦肉精"、"化学火锅"等新名词。在这些事件、数字、概念的背后隐含一系列问题:企业的目标就是追逐利润吗? 企业的良知呢? 企业该为社会做点什么?

今天,在中国的城乡,星罗棋布着各类企业,人们的生存与企业息息相关,政府、公众和社会个体对企业有一个基本的期待:向社会提供安全的产品,保证人们美好的自然和人居环境。实现这一目标,需要政府、社会各界和企业的共同努力,其中包括学术界的深入思考和理性担当。

第三,企业的经营行为对社会和谐发展,有重大的影响。在媒体上常常抓到的文字,即我国经济快速发展的同时,也遇到了资源环境问题的约束,其字里行间在告诉人们,过去我们发展经济的重要载体即企业已经消耗了大量资源,给予环境以较大的影响。事实上,在企业履行社会责任短板的情况下,一些不和谐的社会因素随即产生。企业拖欠员工工资引发的群体事件,企业安全生产造成的环境污染事件,一些企业违反《劳动法》等法律法规导致的劳动关系紧张问题等等,是影响社会和谐发展的不利因素。正视这些问题,要从理论上研究,要从政府的决策管理监督入手,要从法律制度的完善上思量,等等。

针对当前我国企业社会责任存在的问题,以及由此引发的若干社会不和谐因素,并影响着社会和谐发展,对此有必要对企业社会责任与社会和谐发展的相互关联问题加以研究。

本课题研究主要有两个研究意义:第一,对深化和充实构建社会主义和谐社会研究,以及深化和拓展马克思主义中国化研究,具有一定的理论价值。第二,为全面建成小康社会新时期如何促进社会和谐发展提供理论参考,对从具体的实践层面构建社会主义和谐社会,促进社会和谐发展,具有一定的现实价值。

二、文献综述

根据相关文献检索,目前单纯研究企业社会责任或社会和谐问题的成果丰硕:围绕社会和谐问题,国内学术界从政治学、经济学、社会学等多角度展开广泛而深入的研究,出版著作百余部,发表研究论文万余篇(据CNKI 显示);围绕企业社会责任问题,国内学术界主要从利益相关者理论、企业伦理等角度,深入研究了企业社会责任问题,主要包括:企业履行社会责任的必要性、不同类型企业履行社会责任等问题,出版著作几十部,发表研究论文数千篇。

第一,关于企业社会责任相关问题研究综述。国外有关企业社会责任的研究起步较早,其研究框架经历了公司社会责任、公司社会绩效、利益相关者理论的递进过程,为正确处理社会与企业的关系,寻求社会与企业共存发展的和谐方式,提供了理论指导。国内外对企业社会责任的研究已取得一定成果,但还需要深入研究。

张向前是我国较早将企业社会责任与社会和谐发展联系起来加以研究的学者,他撰著的《和谐社会的企业责任》是目前国内仅有的将企业社会责任与社会和谐发展联系起来加以研究的学术成果,他提出了社会和谐发展与企业社会责任密切关联的学术观点。此外涉及本问题研究的论文有数百篇(据 CNKI 显示),其中王茂林在《求是》杂志发表的《构建和谐社会必须强化企业的社会责任》、宋爱苏在《探索》杂志发表的《构建和谐社会:企业的社会责任》等学术成果,都论述了社会和谐发展与企业社会责任关系。

首先,国内研究者有关企业社会责任的研究综述。国内研究者从多个角度对有关企业社会责任问题,做了大量的研究,成果丰厚。

国内研究者对企业社会责任的含义,进行了较为广泛的探讨。同时,国内学术界对企业社会责任的含义始终未达成共识,在《构建和谐社会必须强化企业的社会责任》中,王茂林提出,企业社会责任的含义是:企业在创造利润,在对股东利益负责任的同时,还应对社会、环境和企业的员工承担相应的责任,企业还应遵守商业道德、保护劳动者合法权益等。[①] 张文魁对企业社会责任有自己的观点,他认为,我国很多企业营利能力较弱,规模有限,企业做好自己的事,就是在履行社会责任。具体而言,贾存斗、张文魁认为,向社会提供质量好的产品,在生产经营中节约资源、保护环境,这是企业的社会责任。[②] 张祎凡认为,企业社会责任的实质是:经济全球化背景下的一种新的企业治理结构,而且企业承担的社会责任范围较大,水平较高,企业既要创造利润,还要对股东负责,对员工负责。同时,企业还应保证生产安全,保障职业健康,提供优质产品,保护环境,节约资源,支持社会慈善事业,开展捐助公益活动,保护员工的合法权益,遵守商业道德,等等。这些都是企业必须履行的社会责任。[③]

关于企业伦理问题的国内研究。企业伦理是企业社会责任的重要问题,对此学术界有一定的研究。唐在富认为,企业伦理(Business Ethics)也称商业伦理,是指内含在企业生产经营管理中的伦理准则、伦理关系、伦理意识和伦理活动的总和。企业伦理准则包括企业的营销准则、分配

---

① 王茂林:《构建和谐社会必须强化企业的社会责任》,《求是》2005 年第 23 期。
② 贾存斗、张文魁:《辩证看待中国企业社会责任》,《中国产业新闻报》2006 年 5 月 18 日。
③ 张祎凡:《企业社会责任运动中的多重影响因素浅析》,《集团经济研究》2006 年第 8 期下。

准则、生产准则、信息准则等。① 企业伦理关系包括员工、竞争者、企业与投资人(股东)、消费者、媒体、上下游合作者等多方面的相互关系。企业伦理意识包括企业的道德信念、道德风气、道德心理、道德传统等。张东风提出,企业伦理是:任何经营组织机构以合法手段经营过程中所应遵循的伦理规则。张东风还认为,企业伦理有其基本层次和基本准则两方面,企业伦理的基本准则主要包括诚信、公平公正。企业伦理的基本层次在于处理好各种利益关系,其公平和公正、不损害他人利益是西方企业伦理的基本原则。② 董立人认为,企业伦理是指企业在经营管理过程中所必须共同遵守的道德准则和伦理规范,也就是完善企业员工素质和协调企业内外关系的善恶价值取向及其行为规范。③

对于企业社会责任作用及功能,学术界进行了广泛的探讨。总的来看,学术界有关企业践行社会责任的功能作用问题,主要有两种观点:一是企业履行社会责任,对企业和社会都具有积极意义。二是企业履行社会责任,具有积极作用的同时,也有其消极作用。易开刚是第一种观点的主张者,他提出,企业履行社会责任,能降低企业运行成本,提升企业的社会声望,提高企业的财务业绩等,从而提高企业的竞争力。④ 张旭、贺艳珍认为,从企业竞争力来说,企业履行了社会责任,既可能提高企业的竞争力,也可能影响或降低企业的竞争力。张旭、贺艳珍通过论证还提出,过分强调企业社会责任,会增加企业的经营成本,可能削弱企业的竞争力,同时过分强调企业的社会责任问题,可能使企业迷失方向。⑤

---

① 唐在富:《企业伦理:企业核心竞争力之魂》,《中国烟草》2004 年第 4 期。
② 张东风:《再造民营企业的文化平台》,《经济论坛》2000 年第 23 期。
③ 董立人:《漫谈现代企业伦理》,《企业文化》1998 年第 2 期。
④ 易开刚:《民营企业社会责任:内涵、机制与对策——基于竞争力的视角》,《经济理论与经济管理》2006 年第 11 期。
⑤ 张旭、贺艳珍:《浅析企业社会责任的承担对企业竞争力的影响》,《商业现代化》2006 年第 10 期中。

正因为理论界对企业履行社会责任持两种观点,所以相应地也存在着企业有必要和无必要履行社会责任的两种观点。有学者认为,企业经营好了自己,就是履行了社会责任,而有的学者认为,企业除了经营好自己之外,同时应承担一定的诸如环保、慈善、救助捐赠等社会责任。

关于中国企业社会责任现状的研究。学术界对中国企业社会责任的现状做了大量的研究,成果丰厚:一是自2008年中国社会科学院经济学部企业社会责任研究中心成立后,该研究机构定期出版《中国企业社会责任研究报告》即每一年度的《企业社会责任蓝皮书》,从消费者权益保护、企业产品质量安全、企业劳动者权益保护、安全生产、企业慈善捐赠、企业节能减排等多方面,做出数据性和理论性阐述。二是部分学者进行理论研究的成果,例如,魏云飞认为,中国企业的社会公益责任意识和行为相对较高,而企业的环境责任、法律责任以及企业文化责任的意识和行为普遍偏低,企业危害公民安全、健康、环境的现象时有发生。①

其次,国外有关企业社会责任的研究。进入20世纪以后,企业规模和影响力的增大及其社会关注度的增强,推动了有关企业社会责任理论的形成。

企业社会责任兴起于美国。美国钢铁集团公司的创始人安德鲁·卡内基曾提出,财富的拥有者应当把它用在社会的福利上面。1900年在《财富的福音》一书中,他提出了商业上的社会达尔文主义倾向,他认为,竞争决定了财富为少数人所集中,竞争决定了只有少数人才能够成为富人,大多数人(穷人)只能够依附于富人而生活。同时,安德鲁·卡内基又提出,富人有责任用他们手里的财富让整个社会受益,财富拥有者只有将财富回馈社会,才能够赢得世人景仰。早在1908年,美国钢铁公司和国际收割机公司董事伯金斯(George W.Perkins)就提出,"公司愈是大型

---

① 魏云飞:《中国企业社会责任的现状及其完善》,《企业改革与管理》2015年第13期。

化,则它对全社会的责任就愈重。"①1916 年芝加哥大学教授克拉克(J. Maurice Clark)认为,随着工业化的发展,企业生产规模不断扩大,一方面,企业的生产经营活动受到外部环境的影响;另一方面,企业经济活动又会对周围的环境产生影响,失业、贫民、污染、犯罪等社会问题都与企业的经济活动有一定关联。他在《政治经济学刊》上发表的《改变中的经济责任的基础》一文中提到,社会责任中很大一部分是企业的责任。② 因此,克拉克被看作是最早提出企业社会责任的研究者。

目前,学术界普遍认同:英国欧立文·谢尔顿(Oliver Sheldon)是第一个从学术的角度提出"企业社会责任"概念的。1924 年,欧立文·谢尔顿去美国进行企业管理考察时,提出了"企业社会责任"的概念。他在《管理的哲学》一书中论述了企业社会责任内含道德因素的观点,他还从企业满足人们需要的责任角度,来探究企业社会责任问题。此后,企业社会责任问题越来越引起企业界和学术界的关注,就企业社会责任相关问题,有过多次较为激烈争论,从而使有关企业社会责任问题逐步明晰,并推动企业社会责任理论的发展。

从 1931 年到 1932 年,美国哥伦比亚大学法学教授伯利(Adolf A.Ber-le)和哈佛大学法学教授多德(E.Merrick Dodd)之间展开了关于"公司的管理者究竟是谁的受托人"的争论,其争论的焦点是:在公司的所有权与管理权分离的情况下,公司及其经营管理者是只对股东承担责任呢,还是对与公司关联的所有相关者承担责任呢? 为此,从公司管理者与股东之间关系的角度,伯利强调对管理者权力的控制,公司管理者只是公司股东的受托人,应该在遵守法律的基础上,将股东的利益置于至高无上的地位,在任何时候,公司及其经营管理者都要将股东的利益放在第一位。与

---

① 任荣明、朱晓明:《企业社会责任多视角透视》,北京大学出版社 2009 年版,第 13 页。

② 任荣明、朱晓明:《企业社会责任多视角透视》,北京大学出版社 2009 年版,第 15 页。

此观点有别,多德则认为,公司运营的根本目的是:既要为股东创造利润,还要担负应然的社会责任。企业是经济组织,理应追求利润,但它在为股东创造利润的同时,也有为社会服务的责任。多德认为,公司管理者、对员工和公众负有社会责任。多德还认为,不仅商业活动要承担社会责任,而且所有上市公司的经营者都要自觉履行相关的社会责任。他提出,公司既是一个有营利功能的经济组织,也是一个有社会服务功能的经济组织。

这场争论经历了 20 年之久,1954 年伯利宣布接受多德的观点,他认为,企业也应该承担社会责任。

1962 年,美国"法与经济学"领域的创始人之一、乔治梅森大学法学院教授曼尼(Henry G.Manne)在《对现代公司的"激烈批判"》一文中提出,公司是一个追求利润最大化的经济组织,过分强调公司社会责任会危及自由市场,如果一定要这样做,就会引发垄断和政府加强管制,公司很可能就无法生存。

伯利对曼尼的观点进行了反驳,他提出,在现代经济条件下,由于存在垄断,少数几百家垄断企业主导了整个经济,三四家大公司就控制了某个行业,亚当·斯密提出的自由市场经济理论已经失去了完全竞争的市场条件,以自由市场经济理论的框架要求现代企业,是不合适的。

诺贝尔经济学奖获得者即美国经济学家米尔顿·弗里德曼(Milton Friedman)则对企业社会责任持否定和批判的态度。1962 年,在《资本主义与自由》一书中,弗里德曼提出,依据股东投资的目的(追求盈利)、公司追求的目标(利润最大化)、管理者的职责(股东的代理人),有一种被普遍接受的共识,即公司、管理者和工会的领导人在满足其股东或员工的利益之外,还要承担社会责任,这有悖于自由市场经济的特点和性质。在自由市场经济中,企业的责任只有一个:即按照市场规则,从事经营活动,增加利润。1970 年 9 月 13 日,他在《纽约时报杂志》上发表了被企业社会责任的反对者们奉为经典的文章——《企业的社会责任就是增加利润》,他在文中再次提出,公司只有在追逐更多利润的过程中才能够增加整个社会利益,企业确实有社会责任,就是要更多地赚钱,只有这样才能够更好地服务消费者。

与弗里德曼持相同观点的还有诺贝尔经济学奖获得者哈耶克。他认为,企业最根本的目标在于:经营者通过最能获利的方式来使用股东授予他的资本。他还认为,企业任何偏离追求利润最大化目标的行为,都会危及企业的生存,或者说对企业不利,因此企业要将资源投向最有效率的领域,这样企业就承担了社会责任。哈耶克认为,强调企业社会责任脱离了自由的理性,企业参与各种社会活动,可能强化政府干预企业的问题,企业践行社会责任的结果将使企业不得不受制于政府的权威而损害自身自由,进而影响企业的生存发展。可见,弗里德曼和哈耶克并不拒绝企业社会责任,而是给企业社会责任赋予了与其原初意义截然相反的内涵,即认为企业竭力追求利润最大化就是它的社会责任。这种看法是有失偏颇的,也从根本上违背了企业社会责任的原意,实质上是反对和拒绝企业践行社会责任的。

在这一阶段,虽然学术界有关企业社会责任的认识存在很大的争论,但却引起了人们对这一问题的进一步关注,在客观上推动了企业社会责任思想的巩固和确立。

1953年,美国学者霍华德·R.鲍恩(Howard R.Bowen)在其著作《商人的社会责任》中,总结了基督教的商业伦理理念以及这种伦理在19世纪以来的实践和应用,第一次比较正式地将企业和社会连接起来,提出除了赚取利润之外,企业应该承担"社会"责任,如通过捐赠、慈善项目来帮助穷人、有需要的人以及反馈社会大众,比较规范明确地提出"商人应该为社会承担什么责任"的观点,并将商人社会责任定义为:商人有责任按照社会所期望的价值目标,进行决策,制定政策或采取行动,在公司决策中,如果能将广泛的社会目标融入其中,那么公司的经济行为将会带来更多的社会经济效益。这个定义正式提出了企业必须承担社会责任的观点,尽管鲍恩是把"商人"(Businessman)看作企业社会责任的主体,但这种概括是符合市场经济条件下,商业企业的不断发展及其经营活动对社会造成的巨大影响力的,鲍恩从此开创了企业社会责任的研究领域,后来的研究者也都认同他的理解,鲍恩因此被誉为"企业社会责任之父"。

1960 年,与鲍恩几乎齐名的另一个美国学者戴维斯(Keith Davis),从管理学的角度,在鲍恩的基础上将企业社会责任的定义从商业扩大到包括各种机构和企业在内的经济组织。他还提出了著名的"责任铁律",即不需承担责任的特殊权力实际上是很少有的,"权力越大,责任越大",因此,"商人的社会责任必须与他们的社会权力相称",企业"对社会责任的回避将导致社会赋予权力的逐步丧失"。戴维斯提出,企业决策及其行为要或多或少地考虑企业利益以外的其他因素。并进一步强调:企业在进行有关活动、产品和服务的决策时应全面考虑社会成本和社会收益,企业作为具有民事行为能力的公民,有责任在社会需要的地方尽其所能地参与其中。他建议企业在承担"社会—经济"责任时,还要承担"社会—人类"责任,做到社会责任的经济方面与非经济方面兼顾。此后,戴维斯和他的合作者布罗姆斯特朗(Robert L. Blomstrom)在《商业与环境》教科书中进一步明确:"社会责任是决策者在考虑自己利益的同时,也有义务采取措施以保护和改善社会福利。"①戴维斯的研究,明确了企业社会责任的意义和要求,丰富了鲍恩的思想,被看作是鲍恩的继承者。

1973 年,现代管理学之父、美国学者彼得·德鲁克(Peter F. Drucker)在《管理:任务、责任和实践》一书中,从企业管理的角度阐述了企业社会责任,他认为,企业管理者的使命在于:践行社会责任、达成目

---

① 张国庆:《企业社会责任与中国市场经济前景》,北京大学出版社 2009 年版,第 29 页。

的、使工作者有成就感。彼得·德鲁克认为,企业社会责任就是企业商业责任,即企业要做好最基本的本职工作,不断创新,从社会中发现商机,追求收益和利润。他还认为,企业社会责任不是无边界的,企业社会责任是有限的,不能过分强化和放大企业社会责任,企业只能尽它应尽的社会责任,超越企业职能范围的责任,企业有理由不做。彼得·德鲁克认为,企业社会责任表现在企业绝不能明知有害而为之。社会责任就是要把最负面的影响最小化,而不是好事最大化,这是企业管理者的专业素质。同时他也指出,企业社会责任分成两大领域,一个是企业直接产生的对社会的影响,承担社会责任的时候应该尽量减小对社会产生的负面影响;另一个是社会本身的问题,比如消除贫困、解决纠纷等等,这一领域企业可以量力而行。

尽管德鲁克没有提出明确的企业社会责任的内涵,但他的思想为后来的研究和实践提供了全新的思路,从此之后,企业社会责任日益成为一个被广泛关注和深入研究的问题。

第二,国内外关于社会和谐发展的研究现状。从历史的角度,国内外曾经产生不少有关社会和谐的思想,但国外基于现实中国的有关社会和谐问题的学术研究还不够深入,基本停留在对中国构建社会主义和谐社会战略任务的评析上,而且许多是媒体报道。在此主要综述国内理论界对社会和谐发展问题的研究现状。

进入 21 世纪以来,随着构建社会主义和谐社会战略任务的提出,围绕构建社会主义和谐社会问题,国内学术界从"三农"问题、体制与机制、社会建设、公平与正义、执政党建设、文化道德层面、社会指标体系、生态环境、经济发展等多角度、多层面展开了广泛而深入的研究,推出一批研究成果,出版了李培林的《和谐社会十讲》、李君如的《社会主义和谐社会论》等数十部著作,2004 年至 2015 年公开发表的有关和谐社会的论文有万余篇(据 CNKI 显示)。对社会主义和谐社会的内涵和特征、构建社会主义和谐社会的理论意义等问题进行研究和探讨。就国外有关社会主义和谐社会的学术研究而言,还仅仅停留在对中国共产党提出的构建社会主义和谐社会战略主张的评析上,而且许多是以媒体报道的形式出现的。国外有关社会主义和谐社会的学术研究不集中也不深入。

综观社会主义和谐社会研究成果,学术界主要阐述了构建社会主义和谐社会的背景和重要意义、社会主义和谐社会的思想渊源和理论基础、社会主义和谐社会的基本内涵、实现社会和谐的途径和机制等问题。尽管如此,有关社会主义和谐社会的研究还存在一些薄弱环节,例如,构建社会主义和谐社会与全面建设小康社会的关系;社会主义和谐社会思想在哪些方面发展了马克思主义,体现了理论的创新;构建社会主义和谐社会与中国特色社会主义的关联等理论问题还需深入研究。

厘清这些研究成果,主要包括以下观点:企业与社会互为关联,企业必须履行社会责任;企业对促进社会和谐发展具有重要作用;人与自然环境的和谐主要是企业与自然环境的和谐,促进社会和谐发展,需要构建富有中国特色的企业社会责任体系。应该说,仅就企业社会责任问题,或者仅就社会和谐及社会主义和谐社会问题而言,学术界的研究非常广泛深入,但是将二者联系起来进行深入探讨的,还不多见。

第一章 企业与社会的内在关联

概念是进行科学研究的逻辑起点,对概念的真切把握,是对所研究问题透彻理解的前提。深入分析和研究企业社会责任与社会和谐发展问题,首先必须理解和把握企业与社会概念及其内在关联。

第一节 企业的内涵及主要特征

企业是社会发展到一定阶段的产物,企业存在和发展于社会之中。追求经济效益,抑或说逐利是企业存在的理由,企业天然地富有经济属性,同时企业还富有社会性。企业作为经济组织,有别于其他社会组织、政治组织。

第一,企业内涵的词源阐释。要了解企业的内涵就需要从探寻其词源含义入手。"企业"一词源自西方,英语中称为"enterprise",法语中称为"entreprise",这一概念出现于 15 世纪初(中世纪晚期),企业最初的词义是事业(从事、承办的名词形式)。再往前追溯,"enterprise"一词源自拉丁语"inter"和"prēnsus"的组合,意思是"占有、获得"。后来其词义扩展至经营组织或经营体,即企业。在《牛津现代高级英汉双解词典》中,"enterprise"被解释为事业(尤指需要勇气或难以进行者)、企业、事业心等。[①] 企业只

---

① 《牛津现代高级英汉双解词典》,商务印书馆 1988 年版,第 387 页。

是其中的一个语义。"enterprise"根据组织形式,可以再分为两类,即公司(corporation)与非公司型企业(unincorporated business enterprises)。中国最早的近代企业出现在洋务运动时期,那时"企业"还未成为中国人的词汇。根据上海辞书出版社所编《汉语外来词词典》的说法,现代汉语中"企业"一词的用法出现在近代中国的维新变法时期,当时是从日本借鉴"企业"过来的。而在日语中,"企业"一词是从西文翻译而来。明治维新后,日本通过学习西方国家的企业制度,引入"企业"一词,运用汉字"企业"意译。从字面上看,表示的是商事主体企图从事某项事业,且有持续经营的意思。① 学术界普遍认为,企业是依法设立的,以生产、服务或知识产权满足社会及大众的需要为目的,从事生产、流通、服务等活动,实现自主经营、独立核算、自负盈亏的营利性经济组织。

总而言之,从词源意义上来看,"企业"可以理解为创办者从事有风险的经营活动,借以获取盈利的组织。当然,在现代汉语中,"企业"一词又被注入了特殊的历史意涵。

第二,多维度的企业内涵释析。由于企业所从事的主要活动是经济活动,因而从经济角度来定义企业似乎成为顺理成章的事情。这一思路主导了人们最初对企业的认知,现有的企业定义多来自经济学、经济法学和管理学理论。在经济学理论看来,企业组织是投入和产出之间的生产转换函数,也就是说,企业运营的目的是实现利润的最大化,其功能是把土地、劳动、资本等生产要素进行投入并转化为一定的产出。为此,企业必须要关注投入产出的经济效益,实行独立的成本核算。现在通行的企业概念多采用了此种界定,例如,在《现代汉语词典》中将其解释为:"从事生产、运输、贸易等经济活动的部门,工厂、矿山、铁路、公司等。"②《新

① 〔日〕中村一彦:《现代日本公司法概论》,李黎明译,哈尔滨出版社1989年版,第11页。
② 《现代汉语词典》,商务印书馆1996年版,第998页。

华词典》将企业家解释为:能抓住机会引进或开发新产品和新技术,改进企业的组织机构,谋求企业的利润最大化和长期发展的企业所有者或企业。①《辞海》也是从经济学的角度将企业解释为:"从事商品和劳务的生产经营,独立核算的经济组织。"②

从法律和法学的视角界定企业,则强调企业是依法设立的以盈利为目的,从事商品的生产、流通和服务性活动的具有民事主体资格的法人组织。

从管理学意义上看,企业是运用高效管理方法,将人的要素和物的要素集合起来,自主从事经营活动的营利性经济组织。

根据上述定义,企业具有如下特征:企业是一种以盈利为目的的经济组织;企业是自主经营、自负盈亏的市场主体;企业是依法独立享有民事权利,并承担民事责任的从事经营活动的法人组织。其中营利性是核心特征,企业因此而区别于民间的非营利性组织(不以获取利润为目的,而是追求拟定的社会目标),也区别于在中国特有的"事业"单位(从事公益事业,经费主要由中央或地方政府的财政预算提供,而非来自自己的经营)。

随着经济社会的发展及时代的演进,人们对企业概念的认知也在发展演进,随之一种对企业内涵的新界定应运而生,并对传统的企业概念内涵构成了挑战。"今天世界出现了一种崭新的企业新概念,即企业已不再被看做只是为拥有者创造利润和财富的工具,它还必须对整个社会的政治、经济发展负责。这种企业新概念注定会改变人们对企业的看法,企业对自己的看法以及企业在 21 世纪社会中的位置。"③这一界定凸显了企业对社会和谐的责任,将伦理学和社会学的因子注入企业概念。重新

① 《新华词典》,商务印书馆 2001 年版,第 773 页。
② 《辞海》第 3 册,上海辞书出版社 2001 年版,第 1662 页。
③ [美]约翰·马雷斯卡:《企业新概念》,《参考消息》2000 年 5 月 5 日。

界定的企业内涵并没有否认企业的营利性特征,它是对以追求利润最大化为唯一目的的传统企业概念的修正,要求企业在努力实现盈利的同时应当关照其他社会利益。创造财富是企业存在的意义所在,也是企业能够经营壮大的基石。然而,企业不应只是被当作其拥有者的致富工具,而应视作国家和社会整体的财富源泉。究其本质,新旧企业概念的显著分歧在于由思维范式和价值观差异所导致的对企业定位的不同。以利润和股东利益为企业的唯一目标,实际上是一种个体本位和工具理性的思考。这种观点将企业单纯看作其经营者追求利润的经济组织,从而撇清了其应承担的社会责任,将利润最大化视为评判企业的终极尺度。企业对承担社会工作(应由政府或社会担责)没有法律义务和道德责任。只要企业行为不违法,以任何手段和方式去追求利润都具有正当性。而新的企业概念则确认了企业经营行为的社会维度,并加入价值理性的思考;主张双重的企业目标设定,并寻求达成两者的平衡。也就是说,除实现利润最大化之外,企业还应尽可能地增进和维护社会利益;企业不仅需要经济目标,而且也需要道德目标,即企业的任何行为都必须遵循道德标准、促进社会正义,把尊重他人的正当权利与合法追求自身经济利益结合起来。

第二节　社会的释义及其对企业的意义

为什么不能将企业简单定义为"追逐利润的工具"？又为什么从社会责任的角度来完善企业的内涵呢？为什么企业应当扮演更为积极的社会角色？要回答这些疑问,就要首先厘清社会的概念。自19世纪孔德创立社会学以来,"社会"就成为人们生活中的重要概念。然而,社会概念又是一个在语义和语用上高度复杂的概念。一种观点认为,社会是与个体相对应的概念;另一种观点认为,社会是与国家相对应的概念;还有一种观点认为,社会是与经济、政治、文化并列的概念;也有观点认为,社会是与自然界相对应的概念。

第一，关于社会的释义。我们这里所讨论的社会是与个体相对应的概念，也是广义的社会概念。这一社会概念涵盖了全部人化世界，甚至包括人赖以生存的自然界。社会由无数个体构成，却不是个体的简单相加。两者相互依存，又都有存在的独立性，既对立又统一，构成社会变迁演化的恒久主题。对于社会这一概念的界定，可以说是众说纷纭。孔德和斯宾塞最早把社会视为有机体，他们认为，社会是超越个人的相互联系、相互依存的有机统一整体。这种观点对后来的思想家产生了一定影响，但这一观点并没有揭示社会概念的深层意涵。

对社会概念最具权威性的解释来自马克思。马克思以实践观点对社会所做的解释非常具有穿透力。马克思认为，"社会不是由个人构成，而是表示这些个人彼此发生的那些联系和关系的总和"。① 他从社会关系的角度来理解社会的构成："生产关系总合起来就构成所谓社会关系，构成所谓社会。"②在此基础上，他将社会看作是一切关系在其中同时存在而又互相依存的社会机体。与马克思相比，另外两位著名社会学家迪尔凯姆和韦伯则更侧重于从文化意义的角度，阐释社会概念，也具有独特的学术价值。迪尔凯姆认为，社会作为由伦理、宗教、风俗、习惯等构成集体表象，带有外在性、强制性和约束性。他认为，"在产生社会生活的劳动创造中，显现着人的本性的一般属性乃是显而易见的。只不过这种属性没有产生社会生活，没有赋予社会生活以独特的形态，只是使社会生活成为可能而已。集体的表象、情绪和倾向的产生原因，不是个人意识的一定状态，而是整个社会所处的各种条件。"③韦伯将社会看作是事实本身与规范制度的集合体，他指出："就'社会的构成体'（soziale Gebilde）的例子

① 《马克思恩格斯全集》第46卷上册，人民出版社1979年版，第220页。
② 《马克思恩格斯选集》第1卷，人民出版社2012年版，第340页。
③ ［法］E.迪尔凯姆：《社会学方法的准则》，狄玉明译，商务印书馆1995年版，第121页。

而言,这和'有机体'完全不同,我们有能力超越仅止于证明功能的关系和规律、法则。我们可以完成某些在自然科学中永远无法达成的东西,即对参与其中的个人能够'理解'其行动的主观意义。"①依据这一观点立场,韦伯选择从新教伦理来解析资本主义社会的起源,从宗教来比较东西方社会的差异。

综合上述三位思想家对社会的定义,我们认为,社会是人们的共同体,是人们在共同的生活实践中,以一定的规范及相应机制相互联系的集合体。毫无疑问,社会是一个拥有复杂层次和结构的系统。按照帕森斯的说法,社会是由有机体、人格系统、社会系统和文化系统构成,分别满足四种功能,即适应、目标获取、社会整合和处理行动者之间的紧张关系。社会是复杂的,同时并非杂乱无章。社会有迹可循,社会是与规范、组织制度、交往关系密切关联的共同体。社会根源于人的实践,形成于人们的交往活动中,是制度规范社会存在和发展的必要条件,人们之间的各种社会关系也是通过制度规范体现出来的。人们为了更好地生存和发展条件,产生了联合的需要,于是在交往活动中创造出各种样态的社会组织,其中就包括企业。企业组织是社会互动的结果,是社会交往的重要媒介,也是现代社会系统不可或缺的组成单元和社会成员。系统单元的互动与社会成员之间的交往必须借助规则和规范达成,社会失范必将导致秩序混乱乃至共同体瓦解,包括企业在内的所有社会成员都应自觉依规范行事。

第二,社会之于企业的重要意义。如果说社会对企业的发展没有多少意义,那么反之企业也就未必要对社会承担责任。事实是,社会对企业并非无足轻重,恰恰相反,社会对于企业,就如同空气对于人而言,须臾不可缺少,因而企业承担社会责任也就理所当然。首先,企业是社会分工及

① [德]韦伯:《社会学的基本概念》,顾忠华译,广西师范大学出版社 2005 年版,第 19 页。

经济发展到一定阶段的产物,从一般意义上说,在人类社会历史发展中,在商品经济不发达的社会背景下,总体上不存在企业,例如,在自然经济条件下,存在的是手工作坊,它还不是真正意义上的企业。作为经济组织,企业是商品经济充分发展的产物,它伴随资本主义生产关系的成长而孕育产生。同时在市场经济充分发展的资本主义,企业得到极大的发展。在第一次科技革命期间,随着商品经济占据主导地位和大工业时代的到来,企业也随之增量。企业随着社会分工、市场经济、国际化与全球化的发展而不断成长壮大。社会发展是企业产生的前提。

其次,社会是企业存在和发展的载体。企业凝结着社会关系尤其是社会经济关系,它反映着社会经济关系。社会是企业存在和发展的载体主要在于:一是企业的存在和发展需要基本的人、财、物资源,这些都要从社会中获得。二是企业的生产是为了满足社会的需要,同时只有实现企业产品向消费品的转换,实现企业生产产品的社会性,企业才得以实现其经济效益。三是社会公共领域为企业的存在和发展创设制度和政策环境,以保障企业运作经营有序、安全、可持续。

第三节　企业的社会属性及社会边界

企业兴起于现代社会,企业组织形态的阶段性发展与现代社会的变迁息息相关。可以说,离开了社会,便无从谈起企业。企业在人类现代化进程中的命运流转,深刻说明了,企业存在的价值扎根于社会,社会性是企业的本有属性。

第一,企业是现代社会的重要组织单元。19世纪末,在人类社会发展面临严峻挑战背景下,社会达尔文主义和古典自由主义对企业的认识遭遇挑战而备受质疑。研究者开始反思企业的价值目标,反思企业与其员工关系,反思企业与利益相关方相处方式,反思企业的功能定位。法国社会学家迪尔凯姆认为,"在同一职员群体中,存在着共同的风俗习惯,谁要是违反了这些风俗习惯,就遭到整个法人团体的一致指责。"①意思是说,企业及其行为并非与社会无关,企业行为不是孤立的,而是社会的,企业是现代社会的重要组织单元,企业在经营中受社会规范的制约。所以,要从社会系统中定位企业的角色。他接着将批判的矛头直指以斯宾塞为代表的利己主义进化论,"斯宾塞的愿望最终还是破碎了,利他主义注定不会成为我们社会生活的一种装饰,相反,它恰恰是社会生活的根本基础。在现实生活中,我们怎能离得开利他主义呢?人类如果不谋求一致,就无法共同生活,人类如果不能相互做出一些牺牲,就无法求得一致,他们之间必须结成稳固而又持久的关系。每个社会都是道德社会。"②英国思想家格林认为,要在积极意义上理解自由,自由是一种力量,是一种积极的力量或能力,是社会主体拥有的自我完善能力,也是社会主体实现共同善的能力。"当我们用一个社会在自由方面的发展来衡量它的进步时,我们是以增进社会的善的那些能力的不断发展和越来越多的运用来进行衡量的,并且我们相信每个社会成员都被赋予了社会的善。简而言之,是用作为整体的公民体系拥有较大的能力,以最大限度地、最好地完善自己这一标准来衡量。"③他对当时的工人给予了关注,在他看来,工人们生存条件、工作条件低下,工人们劳动有失体面,工人丧失了自我发展的机会。对此持相同观点的还有英国思想家霍布豪斯,他认为:"只要这个国家还存在着由于经济组织不良而失业或工资过低的人,这始终不仅是社会慈善的耻辱,而且也是社会公正的耻辱。"④迪尔凯姆、格林、霍布

---

① [法]埃米尔·涂尔干:《社会分工论》,渠东译,生活·读书·新知三联书店 2000 年版,第 184 页。

② [法]埃米尔·涂尔干:《社会分工论》,渠东译,生活·读书·新知三联书店 2000 年版,第 185 页。

③ Thomas Hill Green, "Lecture on Liberal Legislation and Freedom of Contract", in *Works*, Vol. 3, 1888, p.371.

④ [英]霍布豪斯:《自由主义》,朱曾汶译,商务印书馆 2009 年版,第 81 页。

豪斯等人的观点动摇了走入极端的古典自由主义和自由放任主义,以及以此为根基的企业价值观。

自20世纪开始,越来越多的企业家和研究者转变了观念,开始对企业价值观有新的认识。但固守传统立场的学者对此表示强烈反对,诺贝尔奖获得者、美国著名经济学家弗里德曼声称:"企业仅具有一种而且只有一种社会责任——在法律和规章制度许可的范围之内,利用它的资源和从事旨在于增加它的利润的活动。"弗里德曼斥责企业应承担社会责任的说法为"一种自由社会里根本的破坏主义",是"最坏社会的信条"。① 从一定意义上说,比如反对政府对企业的过度干预,弗里德曼的提醒非常必要。但作为成体系的企业价值观、意识形态和发展理念指向的社会运行模式,已经拉美经济危机、美国金融风暴等高风险事件验证是存在严重缺陷的。

尽管有反对的声音,但在经济全球化背景之下和公众舆论关注的氛围之中,人们越来越一致的看法是,企业是现代社会的有机组成部分,企业与顾客、员工、政府以及所在地的社区等有着直接关系:消费者要求企业提供安全和有益的产品与服务,政府要求企业依法按时足额纳税,员工要求企业按时足额支付应有的薪金,社区要求企业改善而不是破坏居住环境……企业必须承担社会责任的观点也逐渐得到了企业界的广泛认同。正如在《基业长青》一书中,柯林斯所阐述:利润是企业生存的不可缺少的条件,而且是企业实现自身重要目的的条件。但是,许多企业具有宏阔的发展目标,利润不是它的目的,对于那些具有宏阔的发展目标的企业来说,利润像人体所需的氧气、水、食物一样,不是企业的目的,通常这些企业有着高尚的理想和企业经营理念,并自始至终以崇高理想信念鼓励自己,坚守企业经营理念。毫无疑问,企业,尤其是富可敌国的跨国公

---

① ［美］米尔顿·弗里德曼:《资本主义与自由》,张瑞玉译,商务印书馆1986年版,第128页。

司,在现代化的一波波浪潮中,已变得空前强大,企业有能力回馈社会、履行责任。为此,企业自身的经济行为必须受到约束,关注人的价值,注重企业活动中人的健康、安全和应该享有的权益,注重企业对社会的贡献,理应融入企业的经营过程中。政府对此也应当有所作为,包括制度的改革和有效的行动。从人本与社会视角审视企业所做出的每个决定,进行的每个行为,颠覆了企业本质的解读方式,有助于我们找回对企业本质的准确理解。

第二,社会性是企业的根本属性。首先,采用何种企业概念,取决于对其本质的认识。新旧企业概念的根本区别就在于对企业本质认识的不同。对企业本质认识的关键在于如何看待企业与社会的关系。企业的本质何在? 企业的价值是什么? 社会与企业的关系如何? 认识的企业本质,需要在实践中逐步深化,同时涉及价值的判断与选择问题。20 世纪 30 年代之前,亚当·斯密阐释了古典经济学思想,其思想影响深远,一时间人们崇尚"自由放任"与"看不见的手"即市场。市场竞争和分工需要企业,对社会个体而言,企业是其消费、生存就业乃至致富的载体。古典经济学重视个人本位,但也并非无视社会利益。亚当·斯密在《国富论》中指出:"诚然,他所考虑的是他自己的利益,而不是社会的利益。但是研究他自己的利益自然地或者毋宁说必然地导致他去采取最有利于社会的使用方法。""他被一只看不见的手引导着,去达到一个他无意追求的目的。虽然这并不是他有意要达到的目的,可是对社会来说并非不好。他追求自己的利益,常常能促进社会的利益"。① 基于这一"自利人"逻辑,企业追逐利润,就是在增进社会利益,就是在满足社会需要,因此企业无须考虑利润之外的什么问题,赢得更多的利润,是创立企业的目的所在。

---

① [英]亚当·斯密:《国富论》,杨敬年译,陕西人民出版社 2001 年版,第 500、502—503 页。

不过,亚当·斯密在《道德情操论》中也特别强调市场经济是讲道德的,他警示道:"社会不可能存在于那些老是相互损伤和伤害的人中间,每当那种伤害开始的时候,每当相互之间产生愤恨和敌意的时候,一切社会纽带就被扯断。"①可是,亚当·斯密的这部著作却被人们长久地忽略了。

古典经济学思想深刻影响了人们对企业本质的理解。1937年,新制度经济学鼻祖、美国学者科斯发表其代表作《企业的本质》,文中首度对企业本质问题进行了明确、细致的探讨。科斯从交易成本的角度来分析企业的性质。他认为,"市场的运行是有成本的,通过形成一个组织,并允许某个权威(一个"企业家")来支配资源,就能节约某些市场运行成本。"②同一笔交易,可以选择"市场"或"企业"组织形式来进行。企业和市场之所以同时并存在于交易成本:一是有的交易在企业内部进行成本小;二是有的交易则在市场上进行成本小。科斯的观点虽然对企业本质提出了更周详的解释,但实际上与古典经济学理论对企业的理解并没有质的不同。当时围绕科斯观点所展开的争论也都是在企业被视为追求利润最大化的"黑匣子"中进行的。此种对企业本质的阐释,将企业与社会间的关联主体视作是消极的,认为企业赚取利润的同时,客观上也是在为社会创造财富,为政府提供税收,因而强调企业不必专门介入社会事业。西方的宗教传统虽然推崇济世救人、乐善好施,也有企业主积极自愿参与社会慈善事业,但这并不是基于社会责任和道德义务。斯宾塞借用达尔文的"适者生存"观点阐述的"社会达尔文主义",否定企业关怀社会事业,反对企业扶危济困。受上述思潮的影响,当时的法律和司法机构并不鼓励企业过多做自身业务以外的事情,否则,企业将因"过度活跃"遭受

---

① 　[英]亚当·斯密:《道德情操论》,蒋自强等译,商务印书馆1997年版,第106页。
② 　[美]罗纳德·哈里·科斯:《企业、市场与法律》,盛洪等译校,上海三联书店1990年版,第7页。

诉讼。

上述对企业本质的理解是传统企业概念的理论根据。从实践的后果来看,这种理解无疑存在着严重的偏差。在西方早期工业化和自由资本主义时期,企业创造和累计的社会财富远超以往任何时代。可是,正如生活在那个时代的马克思引用托·约·邓宁《工联和罢工》中论述所揭露的那样,"如果有10%的利润,它就保证到处被使用;有20%的利润,它就活跃起来;有50%的利润,它就铤而走险;为了100%的利润,它就敢践踏一切人间法律;有300%的利润,它就敢犯任何罪行,甚至冒绞首的危险。如果动乱和纷争能带来利润,它就会鼓励动乱和纷争。走私和贩卖奴隶就是证明。"①在西方资本主义发展史上,企业的唯利是图、不择手段,"血汗工厂"曾激起严重的劳资对立,引发工人运动。这也是社会主义思想及运动在19世纪兴起的重要背景。"公司经济力量的集中进一步加深了从公司扩张活动中受益的人群与非受益者之间的不平等。"②再加上工伤、职业病、工人待遇恶化等问题,严重影响了社会和谐并拖累了经济发展。在科技革命的推动下,还出现了诸如产品质量安全、环境污染等社会问题,并演变为有组织的社会运动和对企业经常性的诉讼。社会方方面面汇集的不满带给企业巨大的舆论和政治压力。实践证明,企业能否持续健康发展,最终将取决于能否实现包容性社会发展,取决于能否平衡社会各阶层的利益诉求,特别是企业利益攸关方的权益保障。

其次,社会性是企业根本属性。营利性的确是企业的重要特征,也是企业经济属性和自主性的显现,但社会性才是企业的根本属性。企业的营利性从属于企业的社会性。要领悟企业存在的本真价值,唯有从其社会性入手。说企业的根本属性是社会性,并非强求企业舍弃自身的自主

---

① 马克思:《资本论》第1卷,人民出版社2004年版,第871页。
② Sarah Anderson,John Cavanaugh,"*The Top 200-The Rise of Global Corporate Power*",*Institute for Policy Studies*,Vol.12(1996),p.25.

性和经济利益,而是表明:人的发展才是企业的终极目标,获取利润不过是人实现自我价值的手段。马克思明确指出:"社会本身,即处于社会关系中的人本身总是表现为社会生产过程的最终结果。"①马克思把社会理解为"人本身",破除了把社会视为超个人的抽象实体的观念。所以他特别指出:"应当避免重新把'社会'当作抽象的东西同个体对立起来。"②这一论断超越了社会唯名论与社会唯实论的对峙。在他看来,社会不是一个外在于人的抽象实体,而是个人之间相互作用所形成的交往形式。"社会"是从人的活动中显现出来的。社会与个人都是具体的、历史的,而不是抽象对立的两极,社会存在的意义在于为个体提供必要的成长条件,社会的存在和发展归根结底是为了促进个体的自由和发展。换句话说,人的本质彰显于其社会性,个体发展依赖于社会整体发展。脱离共同体生活的孤立的绝对的个体自由和独立是不存在的。马克思指出:"人的本质不是单个人所固有的抽象物,在其现实性上,它是一切社会关系的总和。"③因此,就企业而言,社会并不是枷锁,而是发展的保障。企业只有意识到其社会性,才能避免出现见物不见人的倾向。

　　退一步讲,即便是运用经济学的思维来思考,企业承担社会责任也是划算的。强调企业的社会性并不会抹掉企业的营利性特征。企业应当明白,利润固然重要,可是除非先满足顾客和员工的需要,企业和股东就不可能得不到满意的回报。从短期来看,由于企业履行社会责任有一定的付出,企业盈利目标与其承担的社会责任可能会不一致。但是,从企业长远发展来看,二者并不相悖。如克拉克所言:"为了公共利益自愿花钱表面上看似乎是减少了利润,但从长远观点看,实际上却有利于公司的利润

---

　　①　《马克思恩格斯选集》第 2 卷,人民出版社 2012 年版,第 791 页。
　　②　马克思:《马克思恩格斯全集》第 3 卷,人民出版社 2002 年版,第 302 页。
　　③　《马克思恩格斯选集》第 1 卷,人民出版社 2012 年版,第 139 页。

最大化……因为这种行为最终将产生企业运营的更好的氛围与文化。"①
公司应该对所有的主要支持者——顾客、股东、员工、供应商以及所在社区居民等负责。企业主动承担社会责任的行为将会提升其软实力,转化成企业进步的无形资产和动力。所以,企业积极履行社会责任,是对其品牌信誉和公众形象的投资,既实现了企业对社会的回报,也吻合企业自身的长远利益。

第三,关于企业的社会性的主要体现。企业的社会属性体现在多个方面,其中主要在于:首先,作为社会发展产物的企业,在现代生活中发挥重要作用。一方面,企业是社会发展到一定阶段的产物,具体而言,企业是人类社会由农业社会向现代工业社会转变的结果。生产的社会化程度越高,企业行为所体现的社会性越强。当今,企业的辐射力已经延展至公共利益、公民权利、社会福利、政府决策、法律制度、社会文化、环境保护等广泛的社会领域。可以说,相互嵌入将会愈加深刻地体现于企业力量与现代人的生活实践之间。企业与社会的相生共存关系决定了企业要存续和发展,就必须得到社会及各方的信任、认同和支持。另一方面,企业的产生也顺应了现代社会发展的需要,在现代社会生活中发挥着举足轻重的作用:一是企业是现代社会的组成部分,是生产、流通、服务的载体。现代社会经济活动基本上依靠企业来承担。企业的运营及其经济效益影响着社会稳定、社会财富、社会就业。二是企业是市场经济主体,企业力求使各种生产要素(土地、劳动、资本、技术、企业家才能)达到最佳的配置,从而促进社会利益的实现,市场经济活动在很大程度上是企业的生产和经营活动。三是企业运营有力推动了现代科学技术的创新。企业通过生产和经营活动,不仅要创造社会财富,而且要推进技术革新,进而推动社会生产力的总体发展。综上,企业的经营活动不仅决定市场经济运行状

---

① [美]克拉克:《公司法则》,胡平等译,工商出版社1999年版,第566页。

况,而且关涉社会发展的和谐度。正如松下幸之助在《松下经营哲学》中所言:"企业从社会中获得的合理利润,正是该企业完成社会使命,对社会做了贡献而得到的报酬。"①

其次,企业是社会组织和经济组织的统一体,兼具"社会人"和"经济人"的双重特征。企业在表层展现为一种经济组织,以一定形式的组织存在是企业开展经营活动的前提。在市场经济条件下,企业作为组织单元,是按照一定的组织规律构成的。企业虽然是以盈利为目的,不过企业利润是通过向社会提供产品、服务或知识产权等来实现的。因此,企业的运营不仅仅依赖企业内部的组织架构,而且仰仗于企业外部的社会组织网络。企业要生存必然要与其他组织和个人发生交换关系。将企业视为纯粹经济组织的观念存在着先天的理论缺陷,也很难适应经济与社会相互交融的时代发展要求。当人们从社会组织的角度看待和认识企业时,企业才赋有良知和人性,这时企业才真正地与社会融为一体。企业回归人本,就是恢复其社会性,就是激活其社会责任意识。正如乔治所说:"企业既不是机器也不是动物。它们是由人来运行的组织,而且正因为如此,即使它们不是道德人,但是却具有了接受道德评价的道德身份。"②

再次,作为社会公民的企业。企业与社会相互支撑,企业发展离不开社会,社会需要企业有责任心。企业与社会相互塑造,休戚与共。企业的生存和发展依赖社会共同体。企业的资金、人才、客户、原料、消费者全都源于社会。企业不仅是社会财富的创造者,还是社会合作的受益者。社会就好比一个全体公民合伙开设的股份公司,想要分得红利,就必须承担责任。近来西方学界将原本是个体意义的公民概念扩展至企业,提出了企业公民(corporate citizenship)概念,企业公民是指:按照法律规定,企业

---

① 松下幸之助:《松下经营哲学》,滕颖译,中国社会科学出版社1988年版,第16页。
② [美]理查德·T.德·乔治:《经济伦理学》,李布译,北京大学出版社2002年版,第225页。

应当享受的权利和承担的义务。权利与义务是公民身份的一体两面。作为社会成员,企业回馈社会是义务。不承担社会责任而滥用社会资源的企业最终将失去权利。所以,对企业公民而言,承担相应的社会职责不是"最好去做"的义举,而是"必须去做"的义务。这种对企业社会公民角色的理解,不同于传统的企业慈善观念。慈善观念建立在一种同情心,而不是责任感的基础上;建立在将阶层区隔开来,而不是企业作为创造财富的发动机与社会的其他部分是一种整体关系的基础上。作为社会的一员,企业不应只是被动地补偿由其所引发的社会损害,而应积极地造福于社会。换句话说,企业要负责任地创造财富,确保经营行为不危害社会。

第四,企业具有社会属性,同时企业的社会性不是无边界的,这就是企业的社会边界问题。首先,要划定企业的社会边界,就必须首先确定企业在社会结构中所处的位置。在现代市场经济背景下,出现了市民社会与政治国家的分野。第一个研究阐释市民社会问题的是德国思想家黑格尔,他认为,"市民社会,这是各个成员作为独立的单个人的联合,因而也就是在形式普遍性中的联合,这种联合是通过成员的需要,通过保障人身和财产的法律制度,和通过维护他们特殊利益和公共利益的外部秩序而建立起来的。"[1]马克思认可黑格尔区分出市民社会的深刻性,但批判和改造了黑格尔的理论,阐明了市民社会的基础地位。马克思指出,18 世纪产生了"市民社会"一词。市民社会是直接从生产和交往中发展起来的社会组织,摆脱了过往时代的共同体。它包括工业生活和商业生活。概括而言,市民社会是指国家政治生活之外的社会中私人利益关系的总和。按照黑格尔和马克思的界定,企业显然是属于市民社会的一部分。市民社会与政治国家的区分,不仅奠定了现代民主政治的基础,也为限定政府干预权力和企业的自主性提供了理论上的解释。

---

[1]　黑格尔:《法哲学原理》,范扬、张启泰译,商务印书馆 1961 年版,第 174 页。

　　在当代,研究者对市民社会做出了进一步划分,形成所谓三元框架,即公共领域、经济领域和国家。科亨与阿拉托在《市民社会和政治理论》中指出:"一方面把市民社会同一个由党派、政治组织和政治公共体(尤其是议会)构成的政治社会区分开来,另一方面把市民社会同一个由生产和分配的组织(通常是公司、合作社、合营企业等)构成的经济社会区分开来。"①三部门理论沿用了三元理论模式。美国学者塞拉蒙把非营利性部门视作是与政府(第一部门)和营利性部门(第二部门)相对应的第三部门。第三部门是指团体成员基于共同的利益和信任而结成的社团,这种社团不同于以往地域和血缘的传统社团,它是非政府的、非营利性的组织。用三元框架替代两分法表达了对于权力和金钱对人类生活世界"殖民化"的忧虑、批判与重构,也为企业的合理定位提供了新的参照系。

　　社会领域的划分再次说明了企业的社会属性。人类的发展是三领域的共同目标,无论是政治权力还是企业利润都不应当成为社会的主宰。社会应当避免过度的商业化,企业对利润的追逐应当受到公共领域的制衡。同时,社会的各个组成部分在社会系统的运转中又分担着不同的任务。作为社会的重要组成部分,企业的社会职能及实现方式与国家不同,也与非营利性部门不同。既不能像计划经济时代那样混淆三方的职能,也不能泾渭分明、各自为政。社会发展的责任,在有些方面是必须要由国家和政府来出面承担的,例如基础公共设施与基础教育的投入,不能利用手中的权力,强行将其责任摊派给企业和社会组织。当然,企业和社会团体可以自愿提供协助。有些方面更适合非营利性的社会组织来从事,比如社会公益事业的组织和筹划,政府和企业可以提供政策或资金的支持。企业也不应无视其应当承担的社会责任,例如,给员工提供健康的工作环境、给消费者提供放心的产品等,放弃其作为社会公民的义务。在有些领

---

　　① 转引自邓正来、[英]亚历山大编:《国家与市民社会——一种社会理论的研究路径》,中央编译出版社 1999 年版,第 177—178 页。

域,需要国家、企业、社会机构和公民个人来共同分担,比如企业职工的社会保障。三者的合理定位、各司其职、分工配合对于社会的健康运转以及构建和谐社会是必不可少的,应当研究和探索政府、企业、社会机构协调的社会治理新模式。

其次,围绕"企业办社会"的争论。企业是社会的组成单元,社会的外延大于企业。循此逻辑,企业是不可能办成社会的。但是,在我国的计划经济时期,出现过"企业办社会"现象,"企业办社会"是计划经济产物。历史上的"企业办社会"是不成功的,留下的更多是教训。"企业办社会"指企业筹建兴办与自身生产经营没有直接联系的机构(如幼儿园、学校、医院等等)和设施(大型体育场等),淡化企业特色,过分承担社会职能,在中国实行计划经济的时期,"企业"的经济核算形同虚设。"企业"与"事业单位"在并列使用时,首要强调的是两者作为国家"单位"的共同性质,然后才是两者的区别:是否实行经济核算。对企业而言,第二位的经济核算要服从于第一位的国家统管。完成国家计划的任务优先于企业经济效益的实现。在这种情况下,企业承担了过多的社会职能。当时的国有企业,不仅是一个经济实体,而且还成为一级社会单位,承担着大量复杂的社会功能,如办学校、办医院等,其直接后果是将企业都打造成为小社会,使企业为职工提供一揽子社会福利。在计划经济时代,企业从属于政府,利润全额上缴,亏损则由财政补贴,企业没有自己独立的经济利益,因而承担这些社会职能并没有对企业的生存造成实质性影响,企业也不会因此而破产。但在市场经济条件下,企业的过度负载则会导致企业效率低下、缺乏竞争力,削弱其为社会贡献财富的能力,最终使企业不堪重负,遭到被淘汰出局的命运。改革开放之初国有企业步履维艰的状况就是明证,当时大量国有企业因为难以与轻装上阵的私营企业以及国外企业竞争而纷纷败下阵来。

计划经济体制和"企业办社会"表面看来是为社会提供了普遍的福

利,实际上却内含致命的制度缺陷,陷入社会资源巨大浪费与物资严重匮乏并存的窘境。在中国启动经济体制改革的大背景下,特别是在 20 世纪 90 年代明确市场经济改革导向后,企业作为市场主体的地位在体制上得到承认。公有制企业获得自主经营权,私企大量涌现,回归了企业的本有含义,即企业是各种独立的自负盈亏的营利性的经济组织。企业有多种形式,在我国有公司制企业、合伙制企业、独资企业、合作制企业等,如果按照所有制性质,还可以划分为公有制企业和非公有制企业。各种企业并存共同构成社会主义市场经济的微观基础。"企业办社会"的现象得到纠正,企业改革和发展的障碍被清除,企业的活力被激活。但是,在市场化改革的过程中,关于企业的认识又从一个极端滑向了另一个极端:企业干脆放弃了所有的社会责任,盈利成为唯一的目标。直到现在,很多企业经营者往往一听企业社会责任,就以为是"企业办社会"卷土重来,本能地加以排斥。此种认识的泛滥,导致企业行为的放纵和失范,由此滋生出大量的社会问题与社会矛盾,极大损害了企业的社会形象。其实从"企业办社会"到企业社会责任体现的是两种不同体制下的观念和发展思路。"企业办社会"不同于企业社会责任,"企业办社会"使企业集合了社会管理和经济功能,它不是企业自愿的,而是政府强力推行的结果;企业社会责任是企业基于经营主体地位,根据企业自身发展及社会可持续发展的需要,自觉履行法律、道义上的责任。企业承担社会责任对企业而言不是负担,而是资产。既然不能再回到"企业办社会",又不能完全将企业的社会功能剥离,那么,应当如何来划定企业的合理社会责任边界呢?

再次,划定企业社会责任的合理边界。对于企业应当承担的责任必须划出合理的边界。既不能过分苛求,也不能推卸应当承担的责任和义务,正所谓过犹不及。一方面,必须坚守市场经济的基本规则,依法保障企业自主经营的权利。这就要求减少政府对企业的干预,特别是减少向企业的任意摊派。不能杀鸡取卵,为企业设定过高的社会责任,而使企业的生存难以为继。企业都不存在了,还谈何企业社会责任。另一方面,企业也不可以仅仅以利润最大化为自身经济行为的唯一目的,而应该在法律的范围内,关注其所关联的社区、生态环境及其他社会事业。企业要守规运营,企业所应遵守的规则,包括企业规章、法律、社会道德规范。即便企业的运营与社会利益关系不紧张,企业也应有社会的视角,既尽可能获取利润,又关注社会利益。而当企业的运营与社会利益关系紧张之时,政府和社会责任第三方监管者应介入其运营,防止企业行为危害社会利益。

企业"经济人"与"社会人"角色合一决定了其社会义务的多重性。有学者将之分解为社会对企业组织所寄托的经济、法律、伦理和慈善的期望。① 这一分解做出了比较全面的概括。不过,企业的多重社会职责又具有层次性,不能等量齐观,提出统一的要求。我们认为,企业的社会责任可分为两大层次:底线责任和高位责任。法律责任就是企业应承担的底线责任,包括法律规定的经济义务、环境义务,是企业运营过程中应当依法履行的责任。企业有为国家和社会创造财富的责任,维护正常市场秩序的责任,为社会提供就业机会的责任,对消费者的权益保障责任,对员工劳动权利、安全的保障责任,对股东、合作伙伴的经济责任,以及对生态环境的保护责任。伦理责任和慈善责任属于高位责任。这包括企业对国家的政治和安全责任,对社会、社区和公众的伦理责任与公益责任等。经济责任是基本责任,企业的履行自觉性相对较高。慈善责任则要视企业自身的经营情况量力而行,只要企业有能力就应当去做。而法律责任与伦理责任同样具有约束性,一个是硬约束,有强制力做保障;一个是软约束,依靠的是企业文化和社会公平。两者虽然划归不同层次,但又是相通的。随着人类文明程度的提高,伦理责任的软约束也可能会强化为法

---

① [美]阿奇·B.卡罗尔、[美]安·K.巴克霍尔茨:《企业与社会:伦理与利益相关者管理》,黄煜平等译,机械工业出版社 2004 年版,第 23 页。

律责任的硬约束。

长期以来，我国一些企业社会责任意识相对淡漠，崇拜金钱，崇尚利润，在制定决策或经营运作时，一般只考虑自身的经济利益和发展，很少甚至不考虑其他利益相关者，把盈利作为企业经营的唯一目标，例如，三鹿奶粉事件就是一个典型。应该认识到，企业最本质的属性是社会性，企业的经营活动与其所处的社会无法分离。可以说，企业的全部活动都会与社会关联，社会越发展，企业给予社会的影响越强。促进社会和谐，企业便不能以追求利润为自身唯一目标，企业应懂得回报社会，尊重和感恩自然。现在的消费者、投资者、公民团体、社会舆论日益关注企业履行社会责任的状况，一些国际组织还推出了社会责任认证制度，鼓励消费者选择遵守标准的企业。企业对此要有足够的重视，正确认识和积极承担社会责任。政府也应该站在爱护企业和促进社会和谐的高度，通过法律、行政等手段，引导企业直面社会责任，让企业和财富的增长适时惠及整个社会，从而有效地提高企业和国家的竞争力，增强企业发展的动力，促进社会和谐发展。

第四节　关联多种社会关系的企业

从社会对企业的作用看，社会对企业意义很大，企业存在和发展于社会中，企业凝结着多种社会关系。既然企业的本质是社会的，它需要在社会系统中进行生产经营活动，那么企业就必然身处多维度的社会关系之中。利益是企业社会关系的纽带，企业关涉众多的利益相关者。所谓利益相关者是指受企业决策与行为现实的和潜在的、直接的和间接的影响的一切对象。可以说，以企业为联结点，形成了一个由其利益相关者构成的庞大社会关系网络。

第一，关于企业内部的社会关系。

企业与出资者的关系。作为主要出资者的股东与企业之间的关系是最为密切的。企业创建与经营的首要条件是资金。由于企业所有权与经营权的分离，企业与股东的关系变得复杂起来。企业的出资者实际上是委托方，而企业管理者是受托方。股东大多不直接参与企业的经营，股东向企业投资，就是希望获得回报。所以，企业通过科学管理，善用资金，增加股东收益，包括研究市场，确定正确投资方向，选择有需求、有效益的产业，加强企业内部管理，通过技术改造、产品质量、品牌意识提高附加值等。在股东日益多元化的趋势下，企业的经营与决策不能仅仅考虑大股东的利益，也要照顾中小股东的利益。随着资本市场的发展，投资方式更加多样化，企业社会性进一步增强。以股票投资为例，如今，越来越多的企业成为上市企业，这样，各行各业的股民进入投资者行列。企业与股民的关系变动性强，却十分敏感。因为广大股民的背后是千千万万个普通家庭，维护其利益对社会的稳定至关重要。股民买企业股票，是看中其回报率。企业有责任向股民提供真实的财务报告，杜绝欺诈行为。

企业与员工的关系。企业与员工的关系就是企业劳动关系。劳动关系是企业所面对的最直接，也是最主要的社会关系。劳动关系是劳动者与企业所有者的社会经济关系，是一种通过市场建立起来的劳动关系。劳动双方是互为独立的利益主体，有各自不同的利益需求。企业的发展与劳动关系密切关联，合作型的劳动关系有利于企业的发展。员工是企业的重要资源，也是劳动关系中的弱势一方，权益更容易受到伤害。无视员工的合法权益，导致劳动关系紧张，不仅无助于企业的发展，也会影响社会的和谐发展。企业要想获得良好的经营业绩，就必须协调好劳动关系，企业在追求利润的同时，要顾及员工的福利，善待员工，尊重员工，按时支付员工的薪酬，提高企业内部的凝聚力。

第二，关于企业市场运作中的社会关系。

企业与消费者的关系。企业在进入市场后，所要面对的主要社会关系就是与消费者的关系。企业经营最重要的是顾客,满足顾客对产品和服务的要求,是企业的本分,更是企业的生命线。尽管在企业经营理念和管理理论上,顾客是上帝,消费者排在第一位。然而消费者在与企业的博弈中,由于其分散性、消费者投诉求偿的程序性等因素,消费者成为易受伤害的一方。况且现代企业规模越来越大,市场网络越来越发达,所关联的消费者群体也越来越庞大,可能涉及千家万户,而且可能遍布整个世界。企业对消费者的任何不负责任的行为,所造成的社会损失与社会冲突往往是难以预估的。口碑要远胜过一时的得利,伤天害理终会自食恶果。企业与消费者完全可以避免冲突,实现共赢,实际上,任何一家企业的成员也必定是另外一家企业的消费者,应当以同理心来善待自己的顾客。

企业与债权人、供应商、竞争者的关系。债权人、供应商是企业经营活动的合作者,没有这种伙伴关系,企业将难以有效运转。任何企业都可能面临资金周转的困境,上下游企业的良好关系也是必不可少的。企业应该按约定归还欠债权人的本息,还有欠供应商的货款。除非企业宣布破产,进行资产清算,并以清算所得归还欠款。即便是竞争者,也是企业健康发展的必要条件。企业之间的良性竞争,有利于企业创新。企业之间的竞争可以以各种符合法律和道义的方式展开,但企业不应采用垄断打压、诋毁竞争者、倾销、侵害他人知识产权等方式。企业之间有竞争,更应该有沟通、有合作,可以通过联营、兼并和重组,发挥各自特长,形成优势互补,实现共同发展。需要指出的是,无论是债权人、供应商,还是竞争者,所牵连的往往不是某个个体,而是另外一个企业组织所有成员的生计与福利。

第三,关于企业和外部环境的关系。

企业与政府的关系。企业与政府的关系是现代国家的主轴之一。怎样理顺政企关系是制度设计和政治决策必须要面对和思考的问题,这关系到整个社会的发展方向和发展进程。企业与政府的关系如何,直接决定着企业的外部政治环境的优劣,也影响着民众的基本生活。在市场经济条件下,政企虽然是分离的,但企业的发展离不开政府的支持,企业所需的基础设施要由政府来主导建设,政府的政策导向也对企业的发展有着极为深刻的影响。从政企关系来看,政府的主要职责是为企业创造一个良好的法治环境和为企业竞争提供必要的服务。为此,企业也要做到合法经营、照章纳税,自觉维护公平竞争的市场秩序。20世纪以来,由于接连发生严重的经济危机,人们逐渐认识到,政府仅仅充当"守夜人"是不够的。为了防范市场机制的失灵,政府对市场和企业行为进行适度的调控是必要的。因此,企业有义务接受政府在宏观上的管理、组织、协调、监督。

企业与社区的关系。企业总是在一定的地域范围内存在的,社会环境如文化传统、人员素养等制约着企业的运营。企业与社区之间的良性互动对于企业的发展非常重要。这里的社区是广义上的社区,它泛指企业能够辐射到的地域空间,小到村落,大到国家,乃至整个世界。一个企业如果要寻求长久的发展,不仅应遵守法律,而且应当与所在社区融为一体。作为社区的一分子,在改善所在社区的环境和条件方面,企业责无旁贷。企业绝不应以破坏社区为代价获取收益,相反,企业必须为所在社区和社区居民创造发展的机遇,如从当地招募员工,向当地政府交税,在当地选取产品供应商,支持所在社区的社会事业等。只有这样,企业方能与所在地实现沟通与理解,并建立起和谐的关系。企业的经营还应放眼整个国家与世界。国家的整体环境与企业的发展息息相关。国家是企业的坚强后盾,企业有义务维护国家的安全,特别是经济安全,为提升国家经济实力贡献力量。在全球化的背景下,越来越多的企业走出国门。跨国企业需慎重对待与当地社区的复杂关系,要入乡随俗,在不同国家采用不同的经营方式;应为所在国家、所在社区的发展承担一定的责任。

企业与人文环境的关系。企业的健康发展要求良好的社会文化滋养。如果一个社会道德伦理滑坡,缺乏诚信,法治观念淡薄,必然影响市场经济的健康发展,最终影响到企业的生存和发展。企业的经营行为及其提供的产品与服务也会对社会文化产生极大的影响。企业应学会从社会整体利益的角度去选择自己的营销策略,加强与公众、媒体、社会组织的互动交流。企业不仅要发展生产、增加财富,还要承担抑恶扬善的道德责任,为消费者和社会提供健康向上的产品,为维护社会公序良俗贡献自己的一分力量。企业不仅要遵纪守法和照章纳税,也应热心公益和回报社会,包括发展慈善事业、捐助公益事业、保护弱势群体等,例如赈灾、助学、扶贫、支持文化教育和科学研究等。企业良好的社会形象、经营道德有助于良好社会风气的形成,也有助于企业赢得社会公众的价值认同和信任,从而提升市场竞争力。英国思想家怀特海指出,"一个社会的行为,主要受商业心态的支配。在社会中,若经商者看重自身的功能,这必能成为好社会……今天,企业正以昔日教会支配社会的方式支配着社会。这一历史现实给予了企业一种重大的道德上的责任"。①

关于企业和生态环境的关系。企业的经营离不开大自然,企业厂房及其所需的能源、原材料以及其他资源都来自自然环境。更不必说,人的生存与阳光、空气、水、土壤等须臾不可分离。环境既关系到企业的可持续发展,也关系到代际的公平以及人类整体的命运。可事实上,在其生产活动中,企业必定要向自然环境索取资源、排放污染物。自工业革命以来,工业化的推进使企业成为危害自然环境主要责任者。长期以来,在单纯经济利益的驱使下,企业掠夺式开发资源,严重污染环境,破坏生态平衡,对自然环境造成了不可逆的伤害。因此,企业对于节能减排、环境保护理应肩负更大责任。企业应在谋求自身发展的同时,着眼低碳经济,实

---

① [英]A.N.怀特海:《宗教的形成符号的意义及效果》,周邦宪译,贵州人民出版社2007年版,第134页。

现满足社会需要与自然环境的协调,开拓一条统筹兼顾生产发展、生活富裕和生态文明的发展道路。

纵观企业制度发展的历程,企业只有观照多方面的社会关联,才能够不断开拓自身发展路径。企业经营者不能目光短浅,满足于用短期行为获取利益。在现代社会,企业只有妥善应对与相关方的关系,才能形成企业与社会的良性互动,从而促进企业自身的长期稳定发展。不仅如此,鉴于企业在当今时代的重要地位和影响力,企业与相关方的社会关系理顺了,必定会为社会走向和谐添加重重的砝码。

第二章　企业社会责任的内涵、
理论依据及实践

研究企业社会责任与社会和谐发展问题,实质上是要剖析责任与和谐语境下的企业与社会良性互动问题,为此要厘清社会责任这一概念。而为了深入研究企业社会责任与社会和谐发展问题,还要把握企业社会责任的理论依据及实践。

第一节　企业社会责任概念诠释

理论的最小元素是概念,一切理性的认识和研究都要从概念开始,首先弄清楚"企业社会责任"的概念,才能探究企业社会责任与社会和谐发展的内在关联。

第一,企业社会责任的理念溯源。从字面意义理解,企业社会责任(CSR),就是企业对社会所要承担的责任。企业社会责任作为一个现代概念,理论界和企业界对它的关注和研究仅仅一个世纪。但是,对这个问题的认识却可以追溯到古代社会,在早期商业伦理的基础上,逐步发展起来的。

由于第三次社会大分工,商业开始出现并逐渐发展。尽管当时商品经济还很不发达,商人的活动范围也较小,但已经出现了早期的商业道德和商业伦理。

在中国漫长的封建社会中,"君子爱财,取之有道"、"君子喻于义,小人喻于利"、"重义轻利"的儒家思想,深深地影响了各行各业的生产和经营活动。世人鄙视那些见利忘义、为富不仁的商人和手工业者,因而促使商人和手工业者在从事商业和经营活动中,追求以"义利统一"、"以义导利"、"重义尚利"、"诚信为本"、"童叟无欺"、"和气生财"等为信条的经济伦理,并力争共同恪守,这可以说是中国历史文化中的商业伦理的主要体现。

在西方,早在公元前18世纪,《汉谟拉比法典》就以法律条文的形式规定了古巴比伦王国各种经济交往和经济行为的准则。包括苏格拉底、柏拉图、亚里士多德等在内的古希腊、古罗马时期的思想家们针对当时奴隶主贵族贪求财富、穷奢极欲、不顾奴隶生死的情况,纷纷强调道德和理性生活的意义,告诫世人要追求道德上的至善和精神上的快乐,反对不道德的获利、贪婪和穷奢极欲,提倡责任义务,要尽可能的考虑社会的利益。后来,基督教、新教的教义以及宗教学校的教育,都有很多对于世俗社会经济活动行为和商业交往的约束和规范。这些思想都成为西方商业伦理思想的主要来源。

文艺复兴以后兴起的新教伦理倡导理性赚钱的行为,主张"精于职业、精于赚钱是一种美德",并特别看重信誉、节俭和诚信在经济活动中的作用。此后,一些资产阶级的经济学家如亚当·斯密在他的《道德情操论》中提出,具有利己主义本性、追逐利润的资本家要在经济活动和社会关系中控制自己的感情和行为,不能损害他人的利益。这些伦理规范成为企业社会责任的重要支柱。

资本主义制度在西欧(主要是英国)确立后,随之而来的产业革命极大地促进了生产力的发展,带来了生产方式的变化,机器生产取代手工劳动,工厂取代工场,到18世纪末英国诞生了"工厂制度",现代意义上的企业开始出现。一些进步的、开明的、有远见的资产阶级企业家,开始尝试改变企业的经营理念,关注社会公益和慈善事业,重视工人和社区的利益,出现了有关企业家的社会责任的萌芽。1851 年英格兰纺织商人提图斯·索尔特在创建作为产业工人生活乐园的典范城镇、世界上第一个大型工业住宅区索尔泰尔时,就提出了"商人应肩负社会责任"的观点。

19 世纪末 20 世纪初的第二次产业革命催生了现代意义上的企业制度,并在欧美主要资本主义国家广泛而迅速的发展,各种不同工业部门的大企业以及股份公司纷纷创建,企业间的竞争、兼并加剧,出现了垄断和垄断组织。垄断企业的发展,其规模、影响不断扩大,除了创造财富、加剧市场竞争外,这些大公司所拥有的巨大的经济、政治、文化影响力与日俱增,人们开始思考大公司的生存发展与其对社会、社区、消费者和员工以及环境应该承担什么样的责任的问题。公司社会责任问题开始凸显。

1895 年,美国著名社会学家、芝加哥大学教授、第一个社会学系的建立者阿尔比恩·斯莫尔(Albion W.Small)在《美国社会学杂志》的创刊号中呼吁"不仅仅是公共办事处,私人企业也应该为公众所信任"的理念,意味着现代意义上的企业社会责任理念萌芽。

第二,企业社会责任的内涵辨析。20 世纪 70 年代以来,无论学术界、企业界还是各种国际组织和机构,都对企业社会责任的内涵、概念进行了不同的阐释,观点各异,大致包括以下几个方面。

首先,国外学术界对企业社会责任内涵的理解。1979 年,美国佐治亚大学教授阿奇·卡罗尔(Archie Carroll)认为,企业社会责任包括经济责任、法律责任、伦理责任和自愿责任。企业社会责任是指特定时期,社会对企业所寄托的经济、法律、伦理和企业自行裁量的期望。[①] 1991 年卡

---

① 殷格非、崔生祥、郑若娟主编:《企业社会责任管理基础教程》,中国人民大学出版社 2008 年版,第 13 页。

罗尔进一步完善了上述四方面责任,将自愿责任明确为慈善责任,他认为,四种责任构成金字塔式结构,经济责任是基础,企业必须获利才能够生存,占最大比例;往上依次是法律责任,即企业必须遵纪守法;伦理责任,即企业及其员工有义务公平、公正和正确地履行职责;自愿责任即慈善责任在金字塔的顶端,企业要对社会特别是对于社会的困难群体提供各种各样的支持和帮助,它可以使企业成为一个合格的公民。企业只有履行了前面三个责任,才能履行自愿责任。卡罗尔的概念明确了企业社会责任的内涵,至今仍被广泛引用。

1980 年,英国学者约翰·埃尔金顿(John Elkington)提出了"三重底线"观点,他认为,企业的行为除了经济底线外,还有其社会底线和环境底线。埃尔金顿认为,企业不仅要对股东负责,追求利润目标,而且还要对社会负责,追求经济、社会和环境的综合价值。埃尔金顿的这一理论观点逐渐成为人们理解企业社会责任概念的共同认识基础。

1991 年,美国组织行为学的权威教授斯蒂芬·P.罗宾斯(Stephen P. Robbins)指出,企业社会责任是企业为追求有利于自身长远发展目标所应履行的义务,这种义务要求工商企业清楚什么是对的、什么是错的,进而找出基本的道德真理。

1993 年,美国经济学家哈罗德·孔茨(Harold Koontz)对企业社会责任的定义是:企业社会责任是认真地考虑公司的一举一动对社会的影响。① 美国哈佛大学教授、管理学家安德鲁斯(Kenneth R. Andrews)对企业社会责任的定义是:社会责任部分地意味着企业要自愿约束自己而不去谋求最高利润。为此,他强调企业要承担的社会责任应包括:公司决心自愿捐助教育事业和其他慈善事业;公司选择一个属于自己的经营道德标准;公司根据内涵的社会价值进行选择;为了经济报酬以外的理由投资

---

① [美]海因茨·韦里克、[美]哈罗德·孔茨:《管理学》,马春光译,经济科学出版社1998 年版,第 42 页。

与公司内部生活质量的改善。①

约翰·B.库伦(John B.cullen)在《多国管理:战略要径》中指出,社会责任是指企业对社会负有超越盈利的责任这样一种思想,也就是说,社会责任意味着一个公司不仅要为股东谋利益,还要考虑其他成员的利益。它通常关注公司作为一个组织,其政策和程序所形成的伦理后果。②

其次,国际组织和相关机构对企业社会责任内涵的理解。1971年,美国经济发展委员会出台了《工商企业的社会责任》的报告,该报告指出,企业不仅要为社会提供更多的产品和服务,还要为美国公众生活质量的提高做出更多的贡献。该报告从"三个同心圆"的角度,阐述了企业社会责任的含义:内圈,代表企业的基本责任,即为社会提供产品、服务和工作机会,并促进经济增长的经济责任;中圈,代表企业对其实施经济职能可能影响的社会和环境变化所承担的责任,包括环境保护、尊重雇员、回应消费者的期望等;外圈,代表企业要更大范围地推动社会进步的其他责任,包括消除贫困等。

世界银行所阐述的企业社会责任是指企业与各关键利益相关者之间的相互关系、价值观、遵守法律以及尊重人、社区和环境有关的理念、政策和实践的总和。它是企业为改善和提高利益相关者的生活质量而为可持续发展做出贡献的一种承诺。

世界经济论坛认为,企业社会责任包括好的公司治理和道德标准、对人的责任、对环境的责任和对社会发展的广义贡献等四个方面。

2000年,世界可持续发展工商理事会把企业社会责任看作是企业做

---

① [美]安德鲁斯:《可以使优秀的公司有道德吗?》,载《哈佛管理论文集》,孟光裕译,中国社会科学出版社1985年版,第413—414页。

② [美]约翰·B.库伦:《多国管理:战略要径》,邱立成等译,机械工业出版社2000年版,第406页。

出的一种较为持续的承诺,即企业应采取合乎道德的行为,在促进经济发展的同时,提高员工及其家属、所在社区以及整个社会的生活质量。

2001年,欧盟提出了一个应用比较广泛的定义:企业社会责任是指企业遵循自愿的原则,把社会和环境的影响整合到企业生产经营以及与利益相关者的互动过程中。

2003年,国际商业领袖论坛将企业社会责任定义为:企业以伦理价值为基础,坚持开放透明的原则进行运营,尊重员工权益,重视对社区和自然环境的关注和保护,致力于取得具有可持续发展能力的商业成功。

联合国全球契约组织提出,企业履行社会责任要遵循包括人权、劳工、环境和反贪污四个方面在内的十项"全球契约"原则。

2010年,国际标准化组织在制定企业社会责任国际标准ISO 26000的过程中,提出组织的社会责任,是组织对运营的社会和环境影响采取的一种负责任的行为,即行为要符合社会利益和可持续发展要求;以道德行为为基础;遵守法律和政府间契约,并全面融入企业的各项活动。

再次,中国学者对企业社会责任内涵的理解。在中国,无论是学术界还是企业界、政府机构,对企业社会责任的认识和研究起步较晚。20世纪90年代至今,随着中国特色社会主义市场经济体制改革的不断深化,我国企业也取得了快速发展,但也不得不面临诸如企业安全生产事故频发、欺骗蒙蔽消费者、不讲诚信、污染环境等问题的困扰,公众开始认识到企业履行社会责任的必要性。企业社会责任理念、规则以及其他国家企业社会责任的实践经验越来越被我国的理论界、企业界和各级政府所研究和关注。

由于研究的角度和学科背景的差异,我国学术界对企业社会责任内涵的分析也各不相同。概括起来,主要有如下认识:

我国著名经济学家高尚全认为,企业对于社会的责任有两类:一是基础责任;二是在基础责任的基础上产生的其他责任。企业的基础责任表现在企业应立足于自身的良性发展,为社会提供更多的财富和就业机会,这是企业作为社会一分子和市场主体存在的基本意义。① 周祖城认为,"企业社会责任是指企业应该承担的,以利益相关者为对象,包含经济责任、法律责任和道德责任在内的一种综合责任。"②

黎友焕提出,企业社会责任是在某特定社会发展时期,企业对其利益相关者应该承担的经济、法规、伦理、自愿性慈善以及其他相关的责任。③

刘俊海认为,"公司社会责任是指公司不能仅仅以最大限度地为股东们盈利或赚钱作为自己的唯一存在目的,而应当最大限度地增进股东利益之外的其他所有社会利益,这种社会利益包括雇员(职工)利益、消费者利益、债权人利益、中小竞争者利益、当地社区利益、环境利益、社会弱者利益及整个社会公共利益等内容,既包括自然人的人权尤其是《经济、社会及文化权利国际公约》中规定的社会、经济、文化权利(可以简称为社会权),也包括自然人之外的法人和非法人组织的权利和利益。其中,与公司存在和运营密切相关的股东之外的利害关系人(尤其是自然人)是公司承担社会责任的主要对象。"④

毛羽认为,企业社会责任包括很多方面,"90年代以后,企业的经营目标被赋予了更多的伦理内容,认为企业应该谋求有利于社会长远发展的责任。进入21世纪以后,企业的社会责任被进一步具体化为几个方面的伦理责任:第一,企业在谋求经营利润的同时,必须重道德、讲诚信,不能损人利己;第二,企业必须承担对经营相关联的多重利益主体的责任,如消费者、供应商、竞争对手、合作者、银行、股民、员工、政府和社区等;第

---

① 高尚全:《企业社会责任和法人治理结构》,《学习时报》2004年3月25日。
② 周祖城:《企业伦理学》,清华大学出版社2005年版,第41页。
③ 参见黎友焕:《企业社会责任》,华南理工大学出版社2010年版,第7页。
④ 刘俊海:《公司的社会责任》,法律出版社1999年版,第60—67页。

三,企业必须承担环境保护与治理的责任;第四,企业必须承担社会可持续发展的责任,等等。"①

卢代富认为,企业社会责任是指企业在追求股东利润最大化的同时,所应该具备的维护和增进社会利益的义务。他说,企业社会责任表现为一种关系责任或积极责任,它是除了企业的股东以外的其他的利益相关者为企业义务的相对方,它是企业的法律义务和道德义务。②

也有学者认为,企业社会责任有狭义和广义之分。"狭义的企业社会责任,特指企业所承担的社会责任(主要是道德和慈善责任)……与企业的经济责任、环境责任相对应。广义的企业社会责任,是指企业对社会所承担的责任,通常包括经济、社会和环境责任。"③

《中国企业管理年鉴》认为,"企业社会责任,可表述为,企业为所处社会的全面和长远利益而必须关心、全力履行的责任和义务,表现为企业对社会的适应和发展的参与。企业社会责任的内容极为丰富,既有强制的法律责任,也有自觉的道义责任。"④

可见,企业社会责任目前尚没有一个比较权威的概念,但不可否认的是,企业作为一种社会存在,它不是孤零零生存发展的,只要企业存在一天,就与社会发生多维度的关联,并应对社会承担一定的责任即企业社会责任。

根据上述认识,我们认为企业社会责任是指企业对社会所承担的责任,主要包括经济、法律、道德、生态以及文化责任等,它是企业在承担自

① 毛羽:《凸显"责任"的西方应用伦理学——西方责任伦理述评》,《哲学动态》2003年第9期。
② 参见卢代富:《企业社会责任的经济学与法学分析》,法律出版社2002年版,第96—100页。
③ 殷格非、崔生祥、郑若娟主编:《企业社会责任管理基础教程》,中国人民大学出版社2008年版,第16页。
④ 中国企业管理年鉴编委会编:《中国企业管理年鉴》,企业管理出版社1990年版,第778页。

身职责、创造利润、维护股东利益的同时,所应该履行的包括员工、供销商、消费者等在内的利益相关者以及自然或社会环境、文化的各种责任,包括保护劳动者合法权益、安全生产、遵守行业道德、诚信经营、热心社会公益事业、保护环境、节能减排、可持续发展等等。

第三,企业社会责任的实质。企业是一种经济组织,它的主要功能是组织生产,促进商品流通,向社会提供产品和服务,创造财富,获取利润,是以营利为目的的。同时,企业还是一种社会组织,它要丰富人们的生活,造福于社会,它具有社会属性的特征。因此,企业的这种社会属性决定了其存在和发展要依赖于社会环境和自然资源,也表明了企业履行社会责任的必要性。企业社会责任是企业对社会、对公众承担的各种责任,从企业的本质看,它不是抽象存在的,它应当建立在保证企业利润最大化的基础之上,但又远远超越了追求利润最大化这一狭隘的目的。

尽管各界对企业社会责任内涵及其内容的认识各有不同,但不可否认的是,与企业传统责任相比较,现代企业致力于从更广泛的社会层面和公众利益的角度考虑问题,进而谋求自身的可持续发展,这反映了企业经营和管理理念的不断创新。从这个角度说,企业社会责任的本质是企业追求并实现自身利益最大化的一种手段,是企业的一种经营和发展战略,它是企业对其自身经济行为所进行的自我约束,由此可以推进企业实现可持续发展。

首先,从实质说,实现企业利益最大化目标的手段是企业社会责任。按照现代管理学的观点,企业的目标是其最根本的战略,它与企业的生存、发展紧密相连,它是多元的。从企业性质的角度看,企业目标包含以下三个方面:生存目标、赢利目标、发展目标。其中,企业的生存目标是最基本的,企业只有生存下来才能够考虑如何实现赢利和发展。在实际运营过程中,企业首先要考虑的是自己能否生存、如何生存,生存是首要目标;赢利是企业的重要目标,无论企业的管理者、投资人还是其他利益关系人都期望企业能够盈利,利润是企业发展和繁荣的内在驱动力。在现代市场经济条件下,企业不仅能够自己盈利,也要让别人盈利。企业只有盈利才有可能实现其他目标。发展目标为生存和赢利目标提供支持,第三个就是可持续发展目标,即企业的生命周期要长。

英国著名的古典经济学家亚当·斯密在《国富论》中提出,企业最起码的社会责任就是向社会提供合格的产品和劳务,以此实现利润最大化。20世纪70年代,美国经济学家米尔顿·弗里德曼也指出,企业的社会责任只有一个——在游戏规则允许的条件下,无欺无诈地参与公开和自由的竞争,利用资源增加利润的活动。因此,现代企业都会把追求利润最大化作为自己的首要目标,因为企业不追求利润就不是企业了,离开了利润企业也就无法生存下去。从传统的经济学观点来看,利润率是企业生存和发展的前提,也是衡量企业经营管理水平的最基本指标。这种目标选择无可厚非,企业只有实现了利润目标才能够实现其他目标。

但是,企业如何取得利润最大化?研究表明,企业对社会的贡献跟它们在财务方面的收益呈正相关的关系,也就是说,从长远来看,越能够积极履行社会责任的企业,就能够越盈利。因此,经过对企业社会责任的争论和探讨之后,越来越多的企业认识到,仅仅把利润最大化作为企业的唯一目的是不可取的,企业还应该对社会其他的相关利益者,如顾客、消费者、供应商、分销商、政府、社区以及环境负责。也就是说,企业要以承担社会责任为前提。企业对股东的责任就是保护股东资本安全、实现股东资本增值、使股东获取投资收益的责任;企业对管理者的责任就是对其信任,更好地履行管理权;企业对顾客的责任就是为其提供良好的产品和服务;对债权人的责任就是保护其债权安全、按期偿还本息的责任;企业对员工的责任就是保证其拥有相应的工作岗位、获取劳动报酬;企业对政府的责任就是合法经营,依法纳税;企业对社区的责任就是积极参加公益活动、资助弱势群体,与社区和谐相处;企业对环境的责任就是做好环境保护,降低能耗。

　　企业只有切实履行上述社会责任,才能够得到全社会的认同并获得良好的生存发展环境,也才能够实现其赢利的目标。

　　其次,企业社会责任本质上是追求利益最大化目标的实现,是企业一种经营发展战略。一般认为,企业发展战略是企业发展中带有全局性、长远性、纲领性、基本性问题的谋略。在社会愈益重视企业社会责任的背景下,企业必须精心布局自身的发展战略,将企业社会责任的因素充分考虑在内,才能在长期的激烈竞争中立于不败之地。战略之父、美国的迈克尔·波特(Michael E.Porter)曾指出,将社会责任与企业的经营策略和发展战略相结合,将成为企业未来新竞争力的来源。

　　企业社会责任作为企业的经营理念、核心价值观和行为准则的反映,并成为企业战略的重要组成部分。由于涉及各种利益相关者,企业的经营决策将直接影响到社会的稳定与发展,现代社会对企业的要求,已经从单纯的营利性组织发展到具有社会性使命的组织。因此,将企业社会责任的观念融入企业的战略规划中,已不仅是社会和时代的要求,也是企业发展战略的应有之义。

　　纵观奔走于世界各地的来自西方发达国家的跨国公司,尤其我们所熟知的世界500强,大多都会把承担和履行企业社会责任看作自身发展战略的重要内容。它们不仅将承担和履行社会责任看作是企业文化的重要构成部分,而且通过设置企业内部的专职部门,致力于推动企业社会责任的建设和完善。

　　从世界知名企业的经验看,把企业社会责任纳入其经营发展战略之中,主要是基于以下几方面的考虑:一是企业社会责任是现代企业公共关系的重要内容之一。企业积极承担社会责任,可以极大提升产品和服务的知名度、美誉度,有利于其经营绩效的提高,特别是在经济全球化条件下,面对日趋激烈的世界市场的竞争,企业知名度的增加和美誉度的积累,除了依赖广告宣传、产品质量和服务等之外,更离不开企业认真地承担和履行社会责任来强化消费者、市场对其产品、服务和企业自身品牌的认同。二是重视企业社会责任,可以缓和并极大地改善劳资双方的关系,提升员工对企业的认同感,有效开发和利用企业内部的人力资源,形成企业的核心竞争力。三是推进企业社会责任,可以积极改善企业与投资国以及所在社区、地方政府等各种利益相关者的关系,增强社会各界对企业的认同,积累企业长远发展所需要的人脉关系等无形资产,从而提高企业可持续发展的能力。由于关乎企业的生存和发展,关乎竞争能力的提高和长远利益,因此,企业应把承担和履行社会责任看作不可或缺的使命。

第二节　企业社会责任的理论依据

伴随着世界经济的发展和企业社会地位的提高,企业社会责任日益得到国际社会的普遍认同,并形成了一种全新的企业运营理念,企业已经超越了传统意义上的只为股东提供利润、创造财富的片面性和局限性,它还要积极主动地承担并履行包括经济、法律、生态、道德、文化、政治等在内的社会责任。如何准确地定位企业社会责任的标准,学术界和政府分别对此进行了探索,其中,目前普遍被接受的是"利益相关者理论"、"社会契约理论"、"企业伦理"和"企业公民"理论。

第一,利益相关者理论是企业社会责任的最基本理论依据。这一理论认为,企业的本质是各种利益相关者组成的契约集合体。企业在其生产经营和决策活动中除了要考虑股东、经营者和生产者的利益以外,还要与消费者、债权债务人、供销商、当地政府和所在社区等各种利益群体结成一定的关系,这些利益群体与企业之间有着直接或间接的关系,企业在运营过程中必须而且应当保护他们的合法权益,尊重他们的物质和精神需求,协调与他们的利益关系。

　　1963 年,斯坦福大学一个研究小组提出了"利益相关方"概念,并对其做了阐释。该研究小组认为,一个企业的生存发展与周围的各种利益群体,如消费者、社区、政府以及各种非政府组织之间有着非常重要的关系,如果离开了他们的理解和支持,任何一个企业都将无法生存,那些与企业利益关系密切的集团即是利益相关方。此后,"利益相关方"这一概念逐渐被学术界接受。人们也逐渐开始认识到这一点:企业的存在并非只为股东服务,任何一个企业的周围还存在着众多关乎企业生存和发展的利益群体。

　　1984 年,爱德华·弗里曼(Edward Freeman,美国弗吉尼亚大学教授)进一步阐述了利益相关者的含义。他在《战略管理——利益相关者方法》中指出,利益相关者就是指"任何能够影响组织目标的实现或接受这种实现影响的团体或个人",后来它又调整了这种解释,认为"利益相关方是那些因企业获得受益或受损,其权利也因企业获得而受到尊重或侵犯的人"①。弗里曼把这些利益相关者分为六个方面,即股东、雇员、供应者、消费者、政府和社区。它不仅把影响企业的个人和群体视为利益相关者,而且还将企业目标实现过程中受到影响的那些个人、群体也看作是利益相关者,如他把社区、政府、非政府组织等都纳入利益相关者的研究范畴,进一步扩大了利益相关者的内涵。他提出了一个普遍的利益相关者概念,扩展了利益相关者的内涵,他的观点也得到了学术界的认同,也成为后来对于利益相关者理论研究的基础。

　　21 世纪以来,随着经济全球化的推进和现代企业制度的发展,利益相关者理论越来越引起社会的重视。2003 年,美国学者约瑟夫·W.韦斯认为,所谓利益相关者是指那些引发问题、机遇、威胁并对此做出积极反应的个人、公司、组织和国家。互联网、信息技术、全球化、放松管制、合并

――――――――――
　　①　转引自郝云宏、曲亮、吴波等:《企业经营绩效评价——基于利益相关者理论的研究》,经济管理出版社 2008 年版,第 216—217 页。

以及战争等诸多技术、经济、政治因素使外部环境变化加快、不确定性加大,而利益相关者(如职业人员、企业员工、消费者、社团成员)甚至社会都必须在这样一个外部环境中开展商业活动,进行伦理抉择。同时,他还对利益相关者群体进行了具体分类:一级利益相关者,主要指企业的所有者、股东、员工、董事会、供应商、企业的 CEO 和其他高级管理人员;二级利益相关者,包括所有其他利益群体,如媒体、消费者、游说议员的人、法院、政府、竞争对手、公众和社会等。

我国长期致力于对企业社会责任进行研究的黎友焕认为,对于一个企业而言,利益相关者是指与其利益紧密相关的那些个人或群体,可以把这些个人或群体分为直接的利益相关者与间接的利益相关者。直接的利益相关者包括股东、员工、顾客;间接的利益相关者包括商务伙伴、社区、媒体、行业协会、政府、非政府组织、竞争对手、外部董事和一般公众等。[①]总之,随着现代企业制度的建立和发展,管理界对于这个问题的看法是基本一致的,即企业在其生存和发展过程中,存在着与一系列利益相关人组成的利益关系,这些利益相关人与企业息息相关,企业必须体现并保护他们的利益。这种看法超越了传统的企业理论所认为的股东才是企业唯一所有者的局限,指出,股东诚然是企业的投资人,但并不是企业投入的唯一主体,企业的主体是多元的。

在现代企业的所有生产经营和发展的要素中,除了股东、管理者和员工之外,还包括债权人、消费者、供销商等合作伙伴,政府、居民、社区、媒体、非政府组织等压力集团,甚至生态环境、生物多样性等。他们都会直接或间接影响企业的生存和发展,企业必须考虑他们的利益和诉求。

企业生存发展、获取利润、谋求全局的和长远的利益,都不能离开这些利益相关者。对于企业来说,盈利是其始终不变的目标,这与投资人的

[①] 参见黎友焕:《企业社会责任》,华南理工大学出版社 2010 年版,第 63 页。

期望是一致的,但是投资人在企业中只是承担有限的责任风险,其承担的风险可以通过投资的多样化来化解和规避,而企业的经营者、管理者、雇员、债权人,以及政府、社区、公众等则可能承担比股东更多的这样或那样的风险,所以,企业在追求利润、增加财富的同时,还必须要考虑利益相关者的诉求,维护他们的合法权益,最起码不能损害他们的利益。尽管利润是企业追求的终极目标,但现代企业还要考虑其作为社会组织和市场主体应该履行的社会责任,将社会价值最大化作为其终身目标,实现企业价值最大化和社会价值最大化的统一。

在发展和追求盈利的过程中,企业的价值目标经历了从利润最大化到市盈率最大化到企业价值最大化到社会价值(社会责任)最大化的转变。利益相关者利益最大化和社会价值最大化取代企业利润最大化和股东利益最大化,已是现代企业生存发展的必然选择。

利益相关者思想把企业置于社会系统中,从企业与社会的互动关系中,从企业生存和发展所依赖的社会环境的视角,明确地肯定了企业对于利益相关者所应负有的责任,企业不仅要为投资人提供资金回报,要为经理人提供良好的管理环境,要为员工创造较好的工作环境和福利待遇,还要为供销商提供利润空间,为消费者提供优质的商品和服务,建立与政府、社区、媒体和非政府组织的和谐关系,减少环境污染,尽到生态责任,追求可持续发展。因此,企业要在维护利益相关者权益的基础上,充分发挥这些利益相关者的作用,谋求互利合作、求同存异的共赢局面。"判断一个企业是否具有竞争力主要就看它在各种利益相关者的利益之间进行平衡的能力,这一点甚至比应用新技术、控制质量以及客户满意度还要重要。"①随着 SA8000(社会责任标准)的出台,众多的企业开始重视利益相关者的利益,这就要求企业在追求利润、经济效益的同时,要更多考虑利

----

① 盛日:《利益相关者理论与企业竞争力》,《湖南大学学报》(社会科学版)2002 年第 6 期,第 11 页。

益相关者的需求和利益,积极主动地承担应尽的社会责任,重视社会效益。

第二,企业承担和履行社会责任的另一理论依据是社会契约理论。"契约"一词由拉丁语 contracts 发展而来,统称为合同,是一个法律用语,主要是指当事人设立、变更、终止民事关系的协议。契约必须能够给人们带来利益和利益保障,否则人们就不会签订契约,这是制定契约的最基本的条件。社会契约理论是 17 世纪以来在西方国家颇有影响的一种社会学说,它源于对国家的起源进行解释,认为在自然状态下人是平等的,国家和政府是社会个体通过订立社会契约的产物,个人必须遵守社会契约服从公众。经济社会的发展推动了社会契约理论的应用,企业社会契约理论也随之产生。

企业社会契约理论认为,企业作为一种组织机构,从它成立之日起,就与社会之间达成了一份协议(契约),以规范双方的责、权、利,因此企业就是一个由各方利益相关者组织起来的追求效益和效率的"契约",企业与社会之间存在着一种契约关系,企业的经济活动必须在一定的契约框架内进行。社会为企业生产经营提供生产要素、自然环境和公共服务、公平的经济秩序等外部条件,而企业作为社会的有机组成部分,则有义务为社会发展和文明进步做出贡献。企业社会契约理论着眼于企业与社会的相互关系。所以,企业社会契约就是约束企业与利益相关者之间关系的行为规范。

从契约理论的视角考察,企业无非就是一个包括了企业内部的投资人、管理者、员工以及外部的供销商、消费者、政府、社区等利益相关者所结成的一系列契约关系的总和。

企业的生存和发展,除了投资人的资金投入,债权人的债务投入,经营者、管理者和员工的人力资本投入外,还包括供销商的市场投入、政府的公共服务和发展环境投入、消费者和社区的投入等等,所有这些向企业投入了有形和无形资源的主体共同构成了企业的利益相关者,他们通过一系列的契约(正式的或非正式的,显性的或隐性的,清晰的或模糊的,当前的或长远的,等等)将各类生产要素和资源投入到企业这一契约共同体中来,以期实现自身的利益。企业与社会之间就形成了一种契约关系:企业向为其生存发展而提供条件的社会履行义务,承担责任,同时,社会也要对企业的发展承担相应的责任。因而,企业履行社会责任是社会契约所要求的企业的行为必须符合利益相关者利益和期望的一种规范。

从一种关于国家起源的学说,到对企业社会责任的阐释,社会契约理论的内容发生了很大变化,但综合学者们普遍的看法,其主要内容包括以下几方面:

首先,企业内部社会契约。企业内部社会契约是指企业对其内部成员,包括投资人、管理者、员工等利益相关者所达成的契约,主要是保障其人身安全、劳动报酬、劳动者权益、自由和尊严等合法权益。企业内部社会契约有以下内容:一是企业与投资人的社会契约,要求投资人遵守公司章程,按照约定,足额缴纳出资额,并据此承担相应责任;除法律、法规规定的情形外,不得退资;监督企业的运营,但不得干预管理者的经营管理活动;按照投资额度获取红利,维护其自身权益等。二是企业与员工的社会契约,企业要按照劳动合同和诚信公平原则,为员工合理安排工作岗位,提供安全、健康的工作环境;遵守法定的工作时间,保障员工的劳动权和休息休假权;制定操作规程、工作规范和劳动安全卫生制度及其标准,加强对职工的安全、卫生和劳动保护,保护员工的合法权益,维持安全生产经营;保证员工的薪酬和福利待遇;不得以任何借口歧视员工;等等。三是企业与管理者的社会契约,现代企业制度的发展和企业委托—代理制度的出现,使得投资人与管理者之间既存在着信息不对称性,又存在着利益目标的一致性,企业要按照合同约定及有关协议,给予管理者以充分的经营管理权,以保证企业战略目标的实现;同时,管理者要依法经营,维护企业的合法权益和持续发展。

其次,企业外部社会契约。企业外部社会契约是指企业对消费者、政府、社区以及其他企业组织等利益相关者的责任和承诺,主要包括履行对消费者的产品和服务质量保证、对政府的公共事务和遵纪守法保证、对社区建设和发展履行义务、培育和谐社区关系、对其他企业的诚信合作保证等。企业外部社会契约主要有以下内容:一是企业与消费者的契约,由于企业与消费者处于信息不对称的地位以及消费者对于企业生存发展的重要性,因此企业必须要维护消费者的基本权益。在企业的经营活动中,对消费者负责是企业最基本的原则。企业应该诚实守信,不搞欺诈,不做虚假宣传,及时向消费者发布真实有效信息;为消费者提供健康安全的产品和周到细致的服务;尊重消费者的尊严、文化传统和风俗习惯,尊重消费者的选择权和隐私权,等等。二是企业与政府的社会契约,企业在享受税收优惠、政策倾斜等政策激励的同时,要严格遵守政府的地方性法规,按照政府制定的地区经济社会发展规划从事生产经营活动;要自觉服从政府关于安全生产、消费者权益保护、可持续发展等要求,积极履行社会责任,减轻政府的压力。三是企业与社区的社会契约,要求企业要积极维护所在社区公众的基本权益,企业的生产经营活动不得危害公众的健康与安全,不应以牺牲环境为代价谋取自身发展,应妥善处理好与社区的和谐共生关系,对社区建设进行投入。四是企业与其他企业组织的社会契约,企业应以平等合作、互利共赢的态度处理与合作伙伴和其他利益相关企业的关系,要按照合同约定和行业协议履行责任和承诺。

总之,社会契约理论认为,企业与社会各利益相关者之间有一系列自愿同意并可以相互受益的契约,这种社会契约会随着经济社会的发展和人们思想观念的变化而改变,但无论怎样变化,自觉遵守、积极履行这种契约是企业不可推卸的社会责任。

今天,世界经济的剧烈变动、经济全球化的纵深发展,跨国公司作用的不断增强,企业正被要求对社会承担起比以往更多的责任。在这种情况下,时任联合国秘书长的安南在 1999 年 1 月的达沃斯世界经济论坛年会上,提出了"全球契约",号召全球企业在各自的影响范围内遵守、支持以及实施包含人权、劳工标准、环境及反贪污方面十项基本原则。该契约于 2000 年 7 月在联合国总部正式启动。

"全球契约"对于企业来说是完全自愿的,它力求促使世界各地的企业认同并履行这十项原则,进而为联合国的发展目标提供更广泛的支持。目前已经有 100 多个国家和地区的数以千计的企业参加到全球企业公民行动中来,推动了企业履行社会责任的自觉性。①

第三,企业承担社会责任的另一个重要理论依据是企业伦理思想。"伦"是指人、群体、社会、自然之间的关系,"理"是指道理、规则、原则、伦理,从一般意义上看,是指处理人们之间相互关系所应遵循的行为准则。作为对人类的道德生活和现象探究的学科,伦理学古已有之,并不断渗透于社会生活的各个领域,规范并引领着人类的实践活动。

随着企业社会责任的日益凸显,20 世纪 70 年代以来,西方发达国家开始认识到企业伦理对于企业运营的重要性,并对此进行深入研究,推动了企业管理理念的变革。成立于 1972 年的美国"企业圆桌会议",在 1988 年 2 月公布的一项报告,其标题就是:"公司伦理:企业的首要资产",并指出:"公司伦理是生存和赢利的战略关键"。荣获 1995 年全美畅销图书金奖的《战胜哈佛》一书,就把"企业伦理"、"企业哲学"、"企业教养"列为构成 20 世纪 90 年代到 21 世纪更高层次的企业文化的三大要素,并明确认为,企业伦理规范将成为企业文化的核心。

今天,面对激烈竞争的市场经济、日益短缺的自然资源,企业要生存和发展,就必须加强企业伦理与社会责任的建设,通过强化企业伦理与社

---

① 参见 http://www.unglobalcompact.org/Languages/chinese/index.html。

会责任的认识,注重人与自然和谐发展,打造诚信守法、良好的企业信誉,实现企业与社会共赢的发展目标。

何谓企业伦理?1997年C.沃尔顿(C.Walton)在其所著的《企业行为伦理学》一书中指出,企业伦理是对判断人类行为举止是与非的伦理正义规范加以扩充,使其包含社会期望、公平竞争、广告审美、人际关系应用等因素。德国学者霍尔斯特·施泰因曼和阿尔伯特·勒尔指出,企业伦理的目标是发展具有达成共识能力的企业战略。他们认为,企业追求利润与遵循伦理学的要求相互之间并不激烈冲突,而是恰恰相反:企业考虑伦理学意义上的要求是完全值得的……伦理学的地位并不体现在企业本身运营之中,而是体现在市场上,即表现在消费者的理性反思上。"一般而言,隐藏在把企业伦理思考与企业战略结合起来这一思想背后的,是这样一种易于被理解的认识,即企业行为中的伦理问题并不在于赢利原则本身,而是在于用哪种手段实现赢利。"①在《伦理学大辞典》中,企业伦理作为企业伦理学的研究对象,指以企业为行为主体,以企业经营管理的伦理理念为核心,企业在处理内、外利益相关者关系中的伦理原则、道德规范及其实践的总和。属于"经济伦理"的中观兼及微观部分。②

结合国内外对于企业伦理问题的研究,我们认为,企业伦理是指企业在生产经营活动中所应遵守的伦理规范,即企业用以处理与利益相关者之间关系的、符合社会主流价值观的道德要求的各种行为规范的总和。按照利益相关者理论和企业社会契约理论,企业作为社会有机体的组成部分,是一个由各种利益相关者结成的契约集合体。在这种契约关系中,企业在获得社会提供的生存和发展空间时,还要按照社会的要求和公众的利益诉求,根据社会伦理道德标准,自觉做出"善与恶"的价值判断,积

① [德]霍尔斯特·施泰因曼、[德]阿尔伯特·勒尔:《企业伦理学基础》,李兆雄译,上海社会科学院出版社2001年版,第86、88页。
② 朱贻庭:《伦理学大辞典》,上海辞书出版社2002年版,第115—116页。

极主动调整与利益相关者之间的关系。企业伦理的内容可以分为两个方面：

首先，企业内部伦理，规范企业内部不同部门、投资人、管理者、员工之间相互关系的伦理原则，使各方关系和谐，以保证企业的经营发展。主要包括：企业与股东之间的伦理，企业要使管理者充分行使管理权，对股东负责，提高经营管理水平，谋求更多的利润；企业与员工之间的劳资伦理，包括企业与员工之间建立互相信任、互相支持的和谐关系，企业对员工的关怀与培训，培养员工对企业的忠诚度和责任感、荣誉感等；工作伦理，包括企业内部不同部门之间建立协作、沟通的平等关系，培养企业内部良好的人际关系，使企业成为具有凝聚力的团队；经营管理伦理，包括在改善员工工作条件和待遇的基础上加强管理，倡导以人为本，强化质量和服务意识等。

其次，企业外部伦理，规范企业与其外部利益相关者之间关系的伦理原则，以为企业的生存发展创造良好的外部环境。主要包括：客户伦理，用心对待企业的上下游客户，把客户看作企业发展的关键因素，不断创新，提高产品质量和服务水平，满足客户的需要，保护客户的权益；社会伦理，企业要成为一个负责任的社会组织，为社会创造价值，追求创新，促进文化传承，具有良好的生态道德，保护环境，积极参与社会公益活动，造福人类等；竞争伦理，企业彼此之间通过沟通协调，遵守公平竞争的市场经济秩序，以求发展自己，谋取利益。

第四，企业公民理论，成为现代企业承担社会责任的又一理论依据。"企业公民"是 20 世纪 80 年代，由企业界引入到社会责任研究领域的一个概念，并逐渐引起广泛关注。传统的企业理论认为，企业只要创造利润、照章纳税、提供就业，就已经算是尽到了它的社会责任。但是，20 世纪 80 年代以后，西方国家在消费者运动、环境保护运动、可持续发展观念，以及企业社会责任运动的推动下，传统的企业责任理论已经发生了很大变化,企业不但要为股东创造利润,而且要为利益相关者负责,要为环境与社会发展承担一定的责任。到了90年代后期,进一步提出"企业公民"理念,明确了企业与社会发展、企业与环境保护的关系。

与此同时,学术界也基本达成共识,即企业社会责任是企业对其利益相关者承担的责任。但由于这一概念过于宽泛,使得"企业社会责任"的责任范围无所不包,从而降低了其本身作为概念的有效性。学术界、商业媒体和企业界经常同时从不同的角度使用这个概念,使得这个概念本身变得模糊不清,企业在执行社会责任和利益相关者理论时会遇到很多障碍;同时,企业社会责任始终无法摆脱"责任"二字的强制性内容。"责任"一词,含有浓厚的"附加"和"负担"的意味,导致企业在实践中不愿意履行这些带有强制性的伦理道德价值体系,甚至认为这与企业利益和商业行为是对立的。

因此,"企业公民"概念提出以来,越来越多的学者和企业的管理者开始采用"企业公民"这个概念。"公民"本是一个法律概念,源自古希腊,指的是城邦内享有对等的权利和义务的自由人,也称"市民",后来延伸为某个主权国家享有权利、承担义务的居民。因而,所谓公民,是指取得某国国籍,并根据该国法律规定享有权利和承担义务的人。而企业公民(Corporate Citizenship)这一概念着重强调企业在通过其经营活动为社会提供服务、创造价值的同时,也向社会各方显示其应承担的社会责任。

此后,全球性的企业公民运动的普及促进了对于企业公民概念的认识和广泛应用,但仍缺乏一个统一的定义。

其实,早在1974年,美国会计学家戴维·林诺维斯(David F. Linowes)在他的《企业意识》(*Corporate Conscience*)一书中,就曾第一次使用了企业公民的概念,是指企业建设性社会行为时的考虑。

英国企业公民公司总裁戴维·罗根(David Logan)认为"企业公民是指企业在业务活动中被赋予了对等的权利和义务,既包含企业在社会中的合法权利,又包含企业应尽的社会责任,并且将这种权利和责任与企业长期发展战略相结合"①。

美国波士顿学院"企业公民中心"(The Center for Corporate Citizenship at Boston College)对企业公民的定义是:"企业公民作为商业策略,是形塑巩固企业宗旨的价值,影响着总裁、经理和员工作为参与社会日常作出的选择"。该中心还提出了定义企业公民要素的三个核心原则:危害最小化、利益最大化、关心利益相关者和对利益相关者负责。②

本研究认为,企业公民就是指按照法律法规和伦理道德的要求,享有生产经营、创造财富、追求经济利益的同时,承担和履行对利益相关者各种责任的企业。作为企业,它拥有"公民身份",是由法律规定的权利与义务的统一体。作为公民,它又与一般的自然人有所不同,它是作为"法人"出现的。企业社会责任理念与实践是"企业公民"理论的前提,而"企业公民"理论则是企业社会责任实践运动的必然结果。

作为公民的企业,必须要在生产经营实践中关心、关注、关怀所有的利益相关者。企业在市场上通过这些利益相关者从事生产经营活动,进行市场竞争,获取收入和利润,缺少任何一环,企业都很难完成业务运作。因此,任何一个企业要实现自己的目标,就必须尽到企业公民的责任。

自企业公民理念形成后,其先进的核心理念和价值追求便受到世界范围内有识之士的推崇和众多企业的响应。它打破以往的企业单纯看重利润、盈利和财富的积累不可持续的发展模式,而追求一种新的"企业公民观",认为企业的成功和永续发展与全社会、公众的利益诉求密不可分,这不仅成为企业寻求与政府、社会之间良性互动的有效途径,也成为企业保持永续发展的最佳选择。

---

① *The Value Proposition for Corporate Citizenship*, The Center for Corporate Citizenship at Boston College, http://www.bcccc.net.

② 马伊里、杨团主编:《公司与社会公益》,华夏出版社 2002 年版,第 1—4 页。

第三节　国外企业社会责任的兴起及实践

现代企业制度诞生于西方发达国家,它是伴随着产业革命而逐渐兴起,又随着资本主义的生产方式的扩张而不断发展的。企业自产生之日起,就出现了对其目标和责任的探讨。但真正对企业社会责任的关注并成为企业的认同,也就是一个世纪左右的时间。尤其进入 20 世纪中后期,企业社会责任越来越引起全社会的关注和重视,西方发达国家的一些企业、消费者、政府、民间组织以及相关的国际组织,分别从不同的立场和角度,阐述并积极倡导和推动企业社会责任运动及其开展,促进了发达国家企业社会责任的不断成熟。同时,经济全球化的迅猛发展,跨国公司推行的全球战略,使得企业社会责任运动从发达国家向发展中国家蔓延,并在世界范围内形成一股潮流和趋势。

第一,国外企业社会责任的兴起。科学技术革命曾促使西方国家大批企业的成长和发展,经济全球化又为企业在全球运作提供了有利条件,但也由此引发了日趋严重的经济、社会问题,包括环境污染、诚信危机、劳工权益受损、危害消费者利益等,激起了公众对这些企业的不满情绪,掀起了一轮又一轮的企业社会责任运动。由此,推动了企业社会责任的不断演变。

首先,劳动者权益保护运动中萌生企业社会责任。在 18—19 世纪,产业革命催生了企业制度,但由于作为企业家的资本家对剩余价值无止境的追求,不断加强对工人的剥削,严重损害了劳动者的权益,工人阶级争取自己权利的斗争一直没有停止过。随着劳动者维权意识的逐步提高以及因企业规模的扩大而引起劳动者愈加集中,劳动者反抗资本家的斗争也更具组织性。他们纷纷建立和加入工会,举行声势浩大的罢工或示威游行,保护自己的正当权益,促使资本家开始关注工人的工资待遇、社会保障、职业培训、职业安全、医疗保健等,改善工人处境,萌生了早期的企业社会责任。

20世纪初,美国进步运动时期刊登了一篇"黑幕揭发者"的文章,指出当时美国泛滥着"血汗工厂"所带来的恶劣的生产环境以及对工人的残酷压榨,这触动了一大批有良心的教授、律师、记者、中小企业家等,他们认为物质发展不能以牺牲大众的利益为代价。

为了消除这种状况,进步运动致力于推动劳工联盟,在州级和联邦政府层面上寻求劳动立法,建立相应的公民组织。此后,在劳工联盟和公民组织以及30年代罗斯福新政时期通过的《公平劳动标准法》的影响下,二战后,美国社会已经基本不存在"血汗工厂"现象了。在此期间,一些具有远见卓识的企业家开始以慈善捐赠的方式改善企业与社会的关系。美国的钢铁大王、慈善家安德鲁·卡内基和石油大亨洛克菲勒都为后来的企业家在改善企业与社会的关系上做出了榜样。他们认为,富人的义务就是要用有效的方式管理和使用财富,为公众谋求最大的利益。1900年,卡内基在将自己的钢铁公司以5亿美元的价格出售后,退出商场,而将自己的主要精力投入慈善和公益事业。到1919年他去世,卡内基向社会捐献的财富总额高达3.3亿美元。洛克菲勒一生中捐款总额高达5.5亿美元。先后创建了芝加哥大学和洛克菲勒医学研究院,并在1920年筹建了大众教育委员会,通过这一委员会进行了大量的教育捐款,在美国国内建起了1600多所学校。1913年又设立了洛克菲勒基金会,其最初的宗旨是"To promote the well-being of mankind throughout the world"(促进全世界人们的福利),后来随着社会的变迁,措辞上虽有变动,但其基本精神仍然以此为核心。到1960年,美国有46个州通过了明确的公司法,允许企业进行慈善活动。

卡内基和洛克菲勒等企业家在慈善和社会捐赠方面的身体力行逐渐成为一种传统,深深地影响了当时和之后不同时期的美国企业家。由此,在发达国家兴起了倡导企业社会责任运动。

其次,自然资源和环境保护运动中凸显企业社会责任。在 19 世纪,激烈的市场竞争和攫取利润的需要,促使资本家对自然资源进行了不计后果的掠夺和开发,导致个别地区的生态环境急剧恶化。这种情况引起了一批科学家和有识之士的关注,他们一方面通过在公众中宣传,提醒人们在扩大生产的同时也要加强对环境的保护,另一方面向政府提出建议,要求国家出面采取资源和环境保护的措施,迫于公众的呼声,西方发达国家先后制定、出台了一系列关于自然资源和环境保护的法律法规。如美国政府 1873 年颁布了《育林法》,1877 年颁布了《沙荒地法令》。尽管如此,在相当长一段时间内,资源的锐减和环境的恶化并未真正引起人们的足够重视,直到 20 世纪,自然资源和环境保护运动作为具有现实的社会条件和广泛的民众基础的群众性运动才开始频繁发生。

在 20 世纪初,迫于美国人民的呐喊呼吁,西奥多·罗斯福政府组建由政治家、科学家和企业家共同参与的全国自然资源保护委员会,通过并推行了把重要自然资源收归国有,建立自然保护区和森林防护制度等在内的若干重大资源和环境保护措施。

20 世纪 20—30 年代,以美国为代表的西方国家开始进入现代企业社会阶段。企业规模的不断扩大,运营体制的不断变革,社会对企业的要求愈加增多,除了利润最大化,企业还要提供更多的服务、努力改善劳动者的生产和生活环境。这一阶段,企业社会责任所要面对和解决的主要方面是诸如劳工利益、消费者权益、慈善、环境保护和失业等问题。越来越多的企业认识到要把对利润和财富的追求与承担和履行的社会责任有机统一起来,表明了企业经营管理体制的变革,也成为现代企业与传统企业的分野。

在企业所有权与经营权分离、经营管理方式转变的过程中,以下三种观点对于企业社会责任的推广起到了积极的作用:一是企业的管理者、经营者是受委托人,企业的董事会和股东赋予他们经营管理企业的各种权利,因此,他们不仅要用心经营、妥善管理企业,使其既满足股东的利益和需求,也满足员工、消费者和社会的需求;二是企业的管理者、经营者要始终明确,其本人有责任、有义务解决好各利益相关者之间出现的利益矛盾;三是企业的管理者和经营者要恪守企业应回报社会的原则。这三点表明,任何企业的管理者和经营者都要尽力保证社会需求的满足,也就是说,企业应该回应社会的关切,奉献社会,具有较好的社会责任感。

在这一时期,面对资本主义高速发展过程中出现的许多难以克服的矛盾,如环境破坏、资源浪费、劳资对立等问题,一些学者开始提出"企业社会责任"主张。1924 年,学者谢尔顿在其《管理的哲学》一书中指出,企业(公司)的社会责任是与企业(公司)生产经营和管理者满足企业内外人们需要的各种责任联系在一起的,企业(公司)的社会责任包含着道德的因素。他第一次提出了"公司社会责任"的概念。

此后,源于西方的企业社会责任理论在学术界的争论中逐渐为社会所认可,也为企业界所接受。争论的结果是,人们认识到企业除了要保证股东利益最大化以外,还要考虑企业对社会应承担和履行的责任,企业经营者务必要树立自己对员工、消费者和社会大众的社会责任感。

再次,消费者权益保护促使企业主动承担社会责任。作为消费者运动的发源地,美国在 1891 年就成立了"纽约消费者协会"。1898 年,美国各州的消费者组织组建了"美国消费者联盟"。在其领导下,美国消费者不断开展争取自身权益的运动,运动的开展引起了美国联邦政府的极大关注,多届政府对消费者应拥有的权利界定。

半个世纪以来,有政府的撑腰和保护,美国各种消费者维权组织的运动和活动蓬勃开展,有关消费者权益保护的立法日益健全和完善。与此同时,世界范围内其他国家的消费者运动也在迅猛发展,1953 年,德国成立了消费者同盟;1957 年在英国、1966 年在日本分别成立了消费者协会,其他各国也成立了数不胜数的全国和地区性的民间消费者组织。

进入20世纪70年代,由西方发达国家企业的生产经营和过于追求经济利益而引发的诸如伪劣产品、物价上涨、工人失业等一系列社会问题,引起了社会公众的不满和普遍关注。20世纪70年代初,在中东战争和石油危机期间,一些不良企业利用石油价格高涨而囤积居奇,借机哄抬物价,导致市场上物价混乱,于是,关于企业社会责任的争论再度升温。在企业社会责任已经为公众所认同的情况下,美国经济发展委员会于1971年6月发表的《企业的社会责任》报告,具有历史创新意义。报告指出,企业主动承担社会责任有助于企业的经营者灵活高效地开展经营活动,还能够避免由于不负社会责任所导致的制裁。报告列举了旨在要求企业促进社会进步的行为,共58种,涉及十个方面,主要有:在经济增长与效率方面,提高生产率,与政府合作;在教育方面,资助学校和大学,并协助学校管理;在雇佣和培训方面,培养后进员工和被替换的员工;在人权与社会平等方面,保证平等的工作机会;在城市改进与开发方面,建设低收入者公寓,改进交通系统告示等。此外,还在污染防治、资源保护与再生、文化与艺术、资助社会健康计划和政府等方面也都进一步明确了企业承担的社会责任。

在各方的督促和这一报告的指引下,美国的许多企业都以自己的方式投身于社会责任运动中。同样,在英国,也有相当多的企业界人士接受了企业社会责任思想,并付诸实践。相当一部分公司都将社会责任列为其主要目标,更多的公司都对慈善或其他类似机构提供过捐赠,以及其他各种赞助活动。此外,英国企业界还发起成立了相应的自律性组织,促使企业致力于公益事业的发展。如百分数俱乐部、社区企业联盟、志愿者中心等。这些团体对企业社会责任运动的发展起到了一定的推动作用。

第二,企业社会责任普及、SA8000社会责任国际标准的确立。在20世纪前期,企业社会责任运动还局限于各个国家国内空间,且主要致力于国内问题的解决,但到了20世纪中后期,企业行为引发的社会问题日益凸显,尤其是全球贫富差距拉大、对自然资源的掠夺性开采和由此带来的环境问题进一步加剧,企业社会责任运动在全球范围内形成了一股潮流,其所关注的问题也更广泛,除了传统的劳动者和消费者权益保障、生态环境和自然资源保护等外,还包括维护人权、遏制腐败、消除贫穷、创造社会公平、缩小差异等方面。在这样的背景下,企业社会责任运动的全球合作进一步开展,有更多的政治家和社会活动家以及国际组织积极投身于企业社会责任运动中。

进入20世纪90年代,经济全球化步伐加快,跨国公司在世界范围内到处开拓市场,到处安家落户,从而引发了一系列冲突,包括劳资利益的激烈冲突和劳工地位的下降、损害消费者权益、全球环境恶化以及发展中国家贸易条件的恶化,等等。因此,企业必须在世界范围内考虑其生产经营行为的影响,并承担相应的社会责任,成为国际社会的强烈共识和愿望。经济全球化有利于企业社会责任标准的国际化体系建设。经济全球化给全球企业社会责任运动带来了新的契机,跨国公司成为全球化背景下企业社会运动推广的主要力量。从目前跨国公司企业社会责任运动实际情况看,社会责任标准已经延伸到包括跨国公司的供应商、生产商、销售商的整个产业链条。很多跨国公司普遍增加了企业社会责任报告,以减少社会责任制度管理的成本,报告包括:股东责任,即经济责任;企业社会责任,即利益相关者责任;环境责任,即提高资源利用率,减少污染排放,推行循环经济。现在几乎所有的跨国公司都制定自己的标准化社会责任制度。

但是,由于不同类型企业的社会责任制度各有不同,且标准重叠,为了加强管理,社会责任国际在1997年发起并联合欧美跨国公司和其他国际组织,制定了SA8000社会责任国际标准,建立了社会责任认证制度,受到了各界的欢迎和支持。很多跨国公司参与其中,通过全球生产、采购、营销和服务活动,对发展中国家的合作企业实施 SA8000 标准提出了要求。

首先,SA8000,Social Accountability 8000 的简称,翻译过来即为"社会责任管理体系"它是用以保护劳动环境和条件、劳工权利等为主要内容的新兴管理标准体系。SA8000 认证要求企业履行以下职责:

童工准则。企业不得使用或支持使用童工,应提供足够的支持让儿童接受学校教育;企业应采取措施确保儿童或未成年工不在上课时间工作,并要求用于上课和工作的时间不超过 10 小时。

强迫劳动准则。不强迫劳动,不扣押工人身份证或收取押金。

健康与安全准则。企业应提供安全健康的工作环境,最大限度地降低工作环境中的危害根源;并确保员工定期进行健康与安全培训,并记录在案;企业应建立制度以检测、预防和应对健康与安全方面的潜在威胁;为员工提供干净、安全的工作和生活条件。

结社自由及集体谈判权准则。尊重工人结社自由及集体谈判权利,并确保员工代表不受歧视。

歧视准则。企业不得以任何理由歧视员工,不干涉员工信仰和风俗习惯。

惩罚措施准则。企业不得从事或支持体罚、精神或肉体强迫,以及言语侮辱。

工作时间准则。企业应遵守有关工作时间的适用法律及行业标准,每周工作不得超过 48 小时,至少休息一天;加班工作必须是自愿的,且每周不得超过 12 小时。

工资报酬准则。企业支付给员工的工资不应低于法律或行业的最低标准,并足以满足员工的基本需要;应确保不以惩罚为目的克扣员工工资,工资报酬应采取先进或支票方式支付;企业应确保不逃避劳动和社会保障法律法规所规定的义务。

管理体系准则,主要包括:一是政策,即最高管理者应明确制定有关社会责任和劳动条件的企业政策,并有效地记录、实施、维持和传达,及时修订和改善管理体系。二是公司代表,企业应任命一名高层管理者代表负责标准的执行,并让非管理人员选出一名代表与其沟通。三是计划与实施,企业应确保全体员工都懂得和实施本标准要求。四是供应商、分包商和分供商的管理,建立相应的程序确保供应商和分包商达到要求,并加强监督检查。此外,管理体系还包括处理疑问和纠正行动、对外沟通、核实渠道、记录方面等内容。

SA8000 要求企业不仅是一个合法的企业,即达到最低要求,而且还提出了更高的要求,以督促企业主动协调解决与利益相关者的关系,并保护其权益。目前,全世界越来越多的企业获得了 SA8000 认证证书,主要涉及服装、纺织、玩具、化妆品、家用器皿、化工、食品等行业。

其次,2004 年 6 月,国际标准化组织(ISO)在瑞典召开会议研究制定社会责任标准问题,决定制定一个包括政府在内的所有社会组织的“社会责任”指导性文件,编号为 ISO26000,2008 年出台,2010 年 9 月,93%的国际标准化组织成员国通过了这一标准。该标准对愿意了解自身决策和行动产生的影响并对此承担责任的各类组织(企业、团体、非政府组织、工会等)规定了指导方针,成为各类组织实践活动的标准和参照。

ISO26000 是全球范围内第一个社会责任国际标准,在前期酝酿、起草过程中,工作组在五大洲多次召开大会,参加大会的有近百个国家和几十个各类组织的代表,先后共有一千多名专家参与开发,分别代表了行业、政府、劳工、消费者、非政府组织及服务、研究、学术、其他(SSRO)等不同的利益相关方。

ISO26000 的主要内容包括 7 个条款和 2 个附件。这一标准关注组织的可持续发展,旨在鼓励组织承担与之密切相关的社会责任和义务,在组织管理、劳工、人权、消费者权益保护、公平经营、公众参与和发展、环境等方面对组织行为提出了具体建议。

ISO26000 标准将一个组织的社会责任定义为:通过透明和道德行为,组织为其决策和活动给社会和环境带来的影响承担的责任。这些透明和道德行为有助于可持续发展,包括健康和社会福祉,考虑到利益相关方的期望,符合适用法律并与国际行为规范一致,融入整个组织并践行于其各种关系之中。

ISO26000 标准提出了组织应用指南需遵循的基本原则,主要有差异性原则,即组织应考虑法律、政治、文化、社会、环境和组织的多样性,此外还应考虑经济条件和环境的差异性;遵循担责、透明、良好道德行为、尊重利益相关方的关切、尊重法治、尊重国际行为规范、尊重人权等七项核心原则。具体来说,组织应着重遵循以下原则:一是遵守法律法规;二是关注利益相关方;三是关注透明度;四是关注可持续发展;五是关注人权和多样性,等等。

国际标准化组织明确该标准所指的"组织"不仅仅是企业或经济组织,还包括学术团体、学校、中介机构、医院或一般意义上的政府机构等等,均是社会责任主体。其目的是为了促进世界可持续发展和公平贸易,反对将其用作贸易技术壁垒的工具;它完全着眼于推动组织及利益相关方的社会责任,推动全球视野下的可持续发展。它不是管理体系标准,不适用于认证目的。

实践表明,这一标准体系的诞生在全球社会责任运动的发展中发挥了重要的作用,得到了各类组织的积极响应,特别是推动了企业社会责任运动的开展。

第三,企业社会责任在其他国家的实践。20 世纪后期,在经济全球化和企业社会标准国际化的推动下,欧美发达国家的企业、消费者、政府、非政府组织以及国际组织从不同的角度、立场出发,采取各种措施,积极倡导和推动企业社会责任,使之成为一种不可逆转的潮流。

20 世纪 80 年代至今,企业社会责任运动在发达国家兴起以来,已经从当初以处理劳资冲突、保护消费者权益和环境保护为主要内容上升到实施企业责任战略,提升企业国际竞争力。主要表现为企业社会责任实现的途径、方法的探索,即在企业的经营中如何将对社会和环境的关注融入企业发展战略和组织机构改造之中,是企业社会责任运动着力解决的问题。许多企业深知,实现这种融合不仅有利于获得经济效益,还能带来社会和环境的效益,从而有利于实现企业的可持续发展。在探索过程中,许多跨国公司将本企业在行业上的优势、在经营管理上的特色以及技术创新能力等作为社会资本的投入,这样就与社会或环境问题结合起来,一方面有利于某一社会或环境问题直接解决;另一方面也实现了对利润的追求,对企业声誉的提高、企业竞争环境的改善带来了正面效应,从而使企业提高了国际市场竞争力。

首先,发达国家的政府通过立法和相关制度性建设,将企业社会责任规范化、制度化,实现了企业社会责任的开展与企业日常管理和经营活动的有机融合。

发达国家的政府和非政府组织在企业社会责任推进过程中发挥了重要的作用。政府一方面不断倡导企业承担社会责任;另一方面不断出台一些强制性措施,要求企业履行社会责任,推动了企业社会责任运动的发展。

在美国,政府与企业建立了一种相互依存的关系,政府与企业携手应对一些共同性的问题,如全球化条件下的经济竞争、劳动就业、消费者权益、资源能源供应、科技创新等。政府通过采取反托拉斯法、涉及国家安全的进出口限制、自然垄断行业的价格,以及强制性的公民健康保险、劳动安全、环境保护等,促使企业履行社会责任。2001 年以来,美国先后爆发了安然、世通安达信等公司财务作假丑闻。为加强上市公司的内部治理和信息披露,2002 年美国通过了严肃公司道德准则的《萨班斯—奥克斯利法案》,加大了对忽视社会责任、侵害利益相关者权益企业的处罚力度,这被认为是美国证券市场的一个里程碑。

在欧盟,1999 年,英国便通过法律对退休信托基金的管理机构的行为做出了规定,要求他们必须告诉投资者,当他们的基金在进行投资时,社会责任的考量程度如何。2001 年英国政府又对所有业绩突出的公司提出要求,要他们公布环境报告,在食品、农业和环境等方面发布了环境报告新指导条例,要求公司对废水处理和温室气体排放情况发布报告。此外,英国政府还通过了《企业运作与财务审查法案》,要求企业提供社会责任报告。而法国政府在促使企业承担社会责任方面也有类似的做法。法国政府也对上市公司提出要求,要他们必须提供"社会责任年度报告",其中包括企业在其活动中所考虑的社会和环境的情况,以及其后果。而在瑞典,其法律也规定,企业在年终年报中除了呈报财务数据之外,还必须提交可持续发展报告,内容包括企业在资源利用、环境保护等方面的做法及取得的相关成果,还要求国有及国有控股企业要按照增加透明度、增强可持续发展的原则主动履行社会责任。

日本政府则颁布了《环境基本法》、《循环型社会形成推进基本法》以及《21 世纪议程行动计划》等多项法规,并通过领跑者制度和节能标签制度以及激励政策,引导企业降低能耗、保护环境,以维持社会的可持续发展。

21 世纪以来,在各种国际性的企业社会责任标准、各个国家政府制定的强制性规范、各种非政府组织的呼吁以及越来越多的企业自我觉醒的前提下,企业社会责任正呈现从大企业向中小企业、从跨国公司向一般公司、从发达国家向发展中国家推进的趋势。

其次,企业内部设立专门的社会责任管理机构,制定社会责任规划。为了做好企业社会责任并加强对其管理,美国的一些企业纷纷设置了直属董事会领导的企业道德委员会或社会责任部门。

　　到 20 世纪 90 年代中期,美国大约有 60%的大公司设有专门的伦理机构和社会责任主管,负责处理与各方利益相关者之间的冲突、纠纷。如日产美国公司专门设立了企业社会责任部门高级经理,专门负责日产美国公司的慈善和社区公益活动,并作为日产基金会执行董事,负责监督由基金支持的教育计划、庆祝活动等;福特汽车公司设有可持续发展及环境政策总监,主要负责福特汽车公司在产品和制造设施中实施环境、社会和战略目标以及环保事务,制定企业及产业链上下端关联企业的社会责任计划及实施方案。

　　通用电气公司从 2005 年开始,投入巨资推动"绿色创想"和"健康创想"战略,重点解决能源、环境和健康这三大人类目前最关注的难题。"绿色创想"将盈利与节约能源相结合,围绕客户在环保方面的巨大需求,从全球环境治理的迫切性出发,以提高能效为主要目标,为全球企业提供盈利性环保解决方案。"健康创想"是为民众降低医疗服务成本,投入巨资加强医疗技术研究。

　　通用电气公司能够将自身的生产经营与各国政府的想法、环境和社会问题的解决紧密结合在一起,充分展现了企业社会责任战略对于自身竞争力的提升以及对于地球和人类可持续发展的贡献。

　　再次,公开企业社会责任报告,建立企业责任的社会监督机制。按照全球报告倡议组织(旨在提供一个普遍为人们所接受的企业社会责任报告框架,作为汇报一个机构的经济、环境及社会绩效之用)的框架要求,美国绝大多数大企业都制定并发布企业社会责任报告,向公众汇报其企业的环境、经济、公益和社会责任表现,接受公众监督,这已经成为一种国际趋势。如通用汽车公司 2010 年社会责任报告中,详细描述了该公司节能环保的管理成果。公告显示,公司不可回收的废弃物单车减少了24%,10 家中国工厂已实现零填埋生产。而通过汽车涂料工艺改进,公司单车生产耗能同比下降 4%,连续 5 年减少;单车生产用水同比下降

7%,连续 7 年减少。

同时,美国政府也在不断加强对企业社会责任的监管,根据 1964 年民权法案规定,美国平等就业机会委员会必须每年对雇主平等就业机会信息进行调查,规定拥有 15 名或以上雇员的企业必须保存美国平等就业机会委员会条例所规定的雇佣记录。针对环境保护方面,美国证交会(SEC)规定,对因遵守联邦或州法律向环境中排放物质而产生的实质效果进行适当披露,其中涉及公司的资本支出、收入和竞争地位。

第四,非政府组织的出现及其努力促使企业更加重视社会责任。世界观察组织研究全球环境问题的一个机构曾经做过统计,在 1909 年大约有 109 个非政府组织,而根据《国际组织年鉴》的记录,到 1996 年,国际非政府组织的数量已经超过了 2 万个。国家内部非政府组织的数量和活动也呈现出不断增长的趋势:1960 年,平均每个国家有 122 个非政府组织,到 1988 年增长到 485 个。在美国,非政府组织估计超过 200 万个,其中有 70%是近 30 年出现,欧洲的情况与此类似,有一半的非政府组织都是近 10 年内成立的。① 这些非政府组织主要关注消费者权益、贫富差距、人权环境危机、劳工权益和社会进步等问题。在经济全球化进程中,越来越多的非政府组织走上街头,走进企业,开展各类抗议、宣传活动,促使企业承担更多的社会责任。

美国的非政府组织对劳工利益和环境保护运动发挥了至关重要的作用。在 20 世纪 90 年代初美国发生的反"血汗工厂"运动,就是美国劳工及人权组织针对成衣业和制鞋业发动的,这一运动迫使诸多世界知名品牌公司有了自己的生产守则,后来则逐步演变为"企业生产守则运动"。"生产守则"在全球推广之后,更多的国际组织和非政府组织参与其中,加速推进企业社会责任运动在世界范围内开展。2000 年 7 月,联合国正

---

① 参见 Curtis Runyan.Action on the Front Lines.《世界观察》,1999(11-12):12-22,14。

式推出"全球契约",涉及人权、劳工标准和环境等十项原则,要求企业对其利益相关者负责。

　　欧美影响力较大的非政府组织有:美国企业责任商业联合会、美国电子行业供应链工作组、欧洲企业社会责任协会、欧洲工会联盟、欧洲雇主联盟等。

　　美国社会责任商业联合会(BSR)是非营利性的会员制国际机构,主要业务为超过250家会员公司提供国际范围的社会责任方面的顾问与咨询,进行实际并有前瞻性的研究,通过与品牌公司、利益相关方及企业共同努力,促进更加负有社会责任的商务实践,从而实现公平而具有持续发展性的全球经济。BSR将企业社会责任定义为:以恪守道德、造福人类、社会和环境的方式取得商业成功。其总部设在旧金山,现有会员300多个,包括福特、壳牌、英国石油、通用汽车、惠普、微软、索尼、强生、可口可乐、宜家、耐克、宝洁、迪士尼、麦当劳、星巴克等,主要分布于六大类产业:日用消费品类、电子通信业、能源及采矿业、医药和生物化工行业、农业和食品加工业、交通产业。

　　欧洲企业社会责任协会(CSR EUROPE)成立于1995年,是致力于推广企业社会责任理念和实践活动的非营利性机构,会员包括几十家跨国公司及一些欧洲国家组织及其覆盖的一千多家公司。这一机构运作的宗旨就是促使企业社会责任纳入公司实践的主流活动,以帮助公司赢得利润、实现可持续发展以及推动人类进步。协会主要开展的活动有:设立咨询台,为企业日常经营中融入社会责任提供帮助;举办研讨会,为管理者提供关于社会责任的交流学习和能力培养的机会;推动包括欧盟政策制定者、政府、社会合作伙伴、企业、投资者、社会公众和学者等利益相关者之间的对话;开展例如商业与多样性、商业与人权、沟通与报告、教育、CSR主流文化、社会责任投资等方面的主题研究;建立CSR网络信息中心,在线提供多家企业的CSR实践信息,还有欧盟发布的最新CSR信息等。经过精心的运作,目前,这一协会成长为欧盟在此领域的一家权威机构,促使许多企业履行了社会责任,取得了较好的效果,极大地促进了企业社会责任的国际化发展。

最后,加强对员工的道德关怀和教育培训。有关统计表明,企业80%的效益是由大约20%的人创造的。在越来越激烈的市场竞争中,许多企业已把培养和重用人才放到了首位。美国管理学家惠特曼和彼得斯曾经对全美历史最长、业绩最好的60家大公司的调查研究发现,这些公司在较长的时间里保持旺盛活力的秘密就是,它们"把员工当作重要的资产"。因此,善待员工,企业才能够做大做强,也才能够受人尊重。只有企业善待员工,员工才会善待企业。由于薪资、福利、待遇、升迁等都是员工重点考虑的问题,因此美国企业采取了很多有效措施来改善员工待遇。

星巴克公司创始人霍华德·舒尔茨曾提出,"传统的把股东放在最顶层的商业模式是错误的。"星巴克就是要彻底地改变这一模式,员工才是最重要的资产,然后才是顾客和股东。因为"成功与员工、顾客共享"、"与员工形成互相信任的伙伴关系",这样,顾客才会通过员工享受到信任和真诚,进而影响到股东的长期价值。在星巴克公司里,尊重和重视每一名员工已经成为传统和惯例。公司为每位员工提供了医疗保险等服务,增强了员工们对公司的信任感,从根本上提高了星巴克的品牌价值。1987年,公司的兼职员工也开始享有全部的健康福利;1991年,符合条件的全职和兼职员工开始持有公司的股份——"咖啡豆股票"。其思路是:通过员工持股,每个员工就都成为公司的合伙人,这样,公司的业绩就与每个员工联系起来,无论是CEO,还是任何一位合伙人,都采取同样的工作态度。通过这些方式,星巴克公司为员工们提供了较好的待遇。结果,星巴克公司的员工流失率不到其他零售商的一半。公司连续多年被美国《财富》杂志评为"最受尊敬的企业"。

此外,美国企业还认识到社会责任的履行需要全体员工的共同努力。一方面,不断加强对员工进行相关法律知识的培训,提高员工的法律意识;另一方面,很多企业经常对员工进行经营道德教育和职业精神培训,员工道德水平越高、道德实践能力越强,就越能领会企业制定的伦理战略意图和社会责任规划,越能在生产经营活动中做出符合企业目标的言行。

沃尔玛公司就实施了员工培训与发展计划,帮助员工更好地理解和履行他们的职责。公司对员工开展了横向培训和实习,培训不仅提高了员工的素质,也增强了员工对公司的了解,加强了企业与他们之间的沟通和互动。公司设立的培训图书馆,有助于员工更多了解公司的资料和部门情况,实践证明,这一做法较有成效,员工加入公司后,通过岗位培训,对公司的背景、福利以及规章制度等都有了较多了解和体会。公司出色的领导者沃尔顿始终坚信,企业发展的原动力来自员工,这一理念也被传承下来,推广至世界各地的沃尔玛经营者。

当然,发达国家企业社会责任在推进过程中也存在一些值得关注的问题。比如,政府和相关机构监管缺位,与之相关的法律体系还不完备,企业关于社会责任方面的报告不实,企业社会责任缺乏权威的标准凸显出制度建设的不足。跨国公司在履行社会责任时采取双重标准,部分企业在承担社会责任时只注重形式忽视内容,或者说一套做一套,甚至"走过场"、"作秀"、"做样子"等,这些,都凸显了发达国家企业社会责任在发展中的困境。

第四节　中国企业社会责任历史回溯及实践

第一,中国企业社会责任的历史回溯。1956 年社会主义改造完成以后,我国才出现了现代意义上的企业。在半个多世纪的时间里,中国企业社会责任大致经历了三个阶段:企业政治责任强化、经济责任弱化阶段;

企业社会责任觉醒阶段;企业社会责任自觉和主动阶段。

首先,企业政治责任强化、经济责任弱化阶段(1956—1978年)。这一阶段处于传统的计划经济时代,由于经济基础薄弱、生产力水平落后,我国建立了以公有制为主体的高度集中的计划经济体制。国有企业承担了国家大规模经济建设和工业化建设的重任,企业的经营管理属于政府的工作内容之一,公有制企业负有鲜明的政治职责,企业的经济责任与政府的行政命令和社会服务融为一体,具体表现为"对政府的责任表现为绝对服从,对职工的责任表现为提供福利"。① 简言之,就是政府办企业,企业办社会,国家利益高于企业的利益,企业无条件地服从并执行国家的计划和意志,这就是企业最基本的责任。企业一切工作的中心就是全面和超额完成国家计划。承担政治责任、执行行政命令是企业生产经营要遵循的首要原则。

同时,企业还集就业、社会保障和社会救济功能于一身,全社会以企业为单位,通过各种社会福利制度实现对员工的各种保障,进而提供全方位的社会服务,如企业必须为职工提供基本的住房、医疗、子女教育甚至就业等诸多福利,企业要自行负担离退休职工的退休金、养老金和医疗保障,这也成为国有企业负担沉重、效率低下的主要原因。

因此,计划经济体制下的国有企业不仅承担了国家工业化建设和社会稳定的战略性社会责任,还充当着国家制定、执行指令性经济计划、保证就业、为员工提供社会保障、充分体现社会主义制度优越性的政治责任,而其降低能耗、提高效率、追求盈利的经济责任,反而不断弱化。

其次,企业社会责任觉醒阶段(1978—2000年)。中国共产党在1978年召开了十一届三中全会,拉开了中国改革开放的大幕,为企业社会责任的觉醒提供了较好的社会环境。

---

① 曹凤月:《企业道德责任论——企业与利益关系者的和谐与共生》,社会科学文献出版社2006年版,第47页。

　　这一阶段,通过经济体制改革,政府一方面鼓励非公有制经济的成长和发展;另一方面逐渐将国有企业负担的沉重的政治经济社会职能剥离出来,让企业加强内部生产和经营管理,提高经济效益,帮助其创造更多的社会财富。在这种情形下,经济效益、市场盈利、增加财富成为企业追求的主要目标。

　　在进行市场竞争的过程中,一些企业认识到,只有为社会提供质优价廉和良好服务的企业才能够获得更好的生存和发展空间,因而开始关注消费者的利益,重视与商业伙伴的沟通,加强企业管理,看重产品质量和企业的社会声誉,真正意义上的企业社会责任开始悄然觉醒。

　　1992 年春,邓小平南方谈话后,我国开始建立和完善社会主义市场经济体制,实行"效率优先,兼顾公平"的激励政策,建立现代企业制度,确定了"产权清晰、权责明确、政企分开、管理科学"的企业发展方向,企业成为独立的市场主体,并鼓励非公有制经济的发展壮大。1994 年,我国施行了《公司法》,企业的法人地位得以确立,企业成为履行社会责任的法律主体。与之相适应,《工会法》、《劳动法》、《消费者权益保护法》、《捐赠法》、《环境保护法》等先后出台,规定了企业的基本法律责任,在企业履行社会责任方面,构筑了一定的法律基础和底线。但是,一些企业为了战胜竞争对手、追求利润而不择手段,偷税漏税、假冒伪劣、污染环境、不讲诚信,引起了社会对企业社会责任的关注。

　　与此同时,随着经济全球化的发展,许多跨国公司在履行企业社会责任方面从本国的标准和要求出发,开始启动对其中国供应商和分包商(主要集中在玩具、服装等出口加工行业)进行以"劳工标准检查"为主要内容的社会责任审核机制,也有一些跨国公司如摩托罗拉,通过参与希望工程这样的公益活动,来扩大自己的企业知名度,这些做法促使国内企业开始重视企业社会责任问题,并积极参与类似的公益活动和慈善事业,我国企业的社会责任意识逐步觉醒。比如,积极参与 1989 年启动的希望工程,投身于1994年开启的中国光彩事业等。希望工程圆了许多孩子的求学梦,而中国光彩事业帮助了贫困地区的经济发展以及文化教育、卫生等事业的发展。这些活动可以说是中国企业社会责任运动的极大觉醒。

这一阶段,我国企业社会责任意识的觉醒和实践活动的推进,除了企业自身探索外,学术界的关注也起到了推波助澜的作用。1999年,清华大学当代中国研究中心开展了企业社会责任专题研究,这是我国第一个将企业社会责任理论与实践结合起来的专题研究,其以跨国公司社会责任运动为主题,内容包括生产守则、公司社会责任运动的模式对中国社会的影响等,极大地推动了我国企业社会责任实践的发展。

再次,企业社会责任自觉和主动阶段(21世纪以来)。党的十六大以来,党在我国经济社会发展方面逐渐形成了科学发展观,即坚持以人为本、全面、协调、可持续的发展观,这一新的发展观在政策上对企业履行社会责任提出了要求。比如,党的十六届六中全会通过的《中共中央关于构建社会主义和谐社会若干重大问题的决定》中指出:创建和谐社会,"着眼于增强公民、企业、各种组织的社会责任",这里明确要求企业履行社会责任。2007年党的十七大报告,从更高的层面上强调了中国企业要致力于承担的,包括促进科技进步、提高企业影响力和国际竞争力、繁荣文化市场、劳工保护、环境保护、构建和谐社会等广阔的社会责任。2007年中央经济工作会议上提出,"引导企业树立现代经营理念,切实承担起社会责任"的要求。这些理论创新和政策阐述,为企业自觉承担社会责任提供了明确的政治导向和坚定的政策依据。从本质上讲,企业履行社会责任,既是企业落实科学发展观的具体行动,也是企业参与和谐社会建设的重要途径。

从2002年5月至今,我国先后通过实施的《中华人民共和国安全生产法》、《中华人民共和国职业病防治法》、《中华人民共和国清洁生产促进法》、《中华人民共和国行政许可法》、《中华人民共和国残疾人保障法》、《中华人民共和国公司法》、《中华人民共和国劳动合同法》等,在法律和社会环境上为企业履行社会责任提供了较好的基础,也加强了对企业承担社会责任的管理。特别是在 2006 年实施的新《公司法》中(总则第五条)明确规定:"公司从事经营活动,必须遵守法律、行政法规,遵守社会公德、商业道德,诚实守信,接受政府和社会公众的监督,承担社会责任。"这就进一步明确了公司需要承担的社会责任。

中国政府和各级部门也积极参与和推动企业社会责任运动,如出台相关的条例、办法,鼓励企业重视社会责任运动,像科技部、国家发改委、中宣部等多个部门联合发布的《节能减排全民科技行动方案》、国资委发布的《关于中央企业履行社会责任的指导意见》、国务院发布的《关于印发节能减排综合性工作方案的通知》等,从行业和主管部门的角度为企业履行社会责任提供制度保障;在有关企业社会责任的会议和活动中,政府和有关部门都会派出高层领导出席,从多维角度来探讨和推动企业社会责任的发展;一些地方政府已经认识到企业社会责任的重要性并将其理念融入城市治理的战略和政策中。

我国在 2001 年正式加入世界贸易组织后,世界经济对中国的影响逐渐增大,中国企业面临的全球竞争也越发激烈。跨国公司的经营和运作对中国企业的社会责任提出了更高的要求,我国几乎所有的劳动密集型出口加工企业都遭遇到社会责任问题,迫使我国企业付出更多的成本和精力来应对。一大批开明的企业积极参与到社会责任的全球契约中来,2004 年,首个道德规范国际标准 SA8000 社会责任标准引起了我国媒体和理论界的关注,也得到了政府和企业的重视,此后,我国数十万企业开展了符合 SA8000 的劳工议题管理以及企业社会责任的审查或论证。

2005 年 9 月,在中欧企业社会责任国际论坛举办期间,由中国海尔集团、上海卓越集团、红豆集团、中国嘉陵集团、长安汽车集团、中国纺织工业协会等 13 家单位发起的"中国企业社会责任建设北京宣言",提出要积极探索包括在环境保护、可持续发展的产品和服务、循环经济和节约经济、对顾客和消费者权益的保护、员工利益保护、利益相关者参与权益保障、扶持贫困、教育机会等方面在内的中国企业社会责任实践,并加强与国际供应链企业的交流与合作,共同开拓中国企业社会责任建设的有效路径,进而实现企业与社会的和谐发展。这一宣言得到众多企业的积极响应。

此后,在构建社会主义和谐社会、贯彻落实科学发展观的背景下,随着全社会日益认识到企业社会责任的必要性,包括政府、企业界、学术界以及各种非政府组织、公益组织纷纷举办各种企业社会责任论坛,进一步推进了企业社会责任纵深发展。2009 年 9 月 25 日,在山东烟台召开了全国首届"塑造区域责任竞争力——地方政府推进企业社会责任研讨会",来自各地的政府代表深入研讨了企业社会责任与区域责任竞争力的提升问题,成为我国地方企业社会责任建设进入新阶段的标志。在各种重大活动、自然灾害、突发事件面前,中国企业都能够积极主动地承担社会责任,无论是 2003 年的"非典"、2008 年的汶川地震、2010 年的青海玉树地震等,中国企业都能够走在最前列,参与公益,慈善捐赠。甚至 2011 年日本大地震,都有中国企业的身影。

2009 年 12 月 8 日,在丹麦首都哥本哈根举行了"中国商界气候变化国际论坛",我国企业家在论坛上发表了《我们的希望与愿景——中国企业家哥本哈根宣言》(以下简称《宣言》),在《宣言》中,中国企业家对政府环境保护做出了积极响应和国际承诺,展现了勇于承担环保责任的精神。中国企业家在《宣言》中还公布了未来的行动计划。

2006 年 3 月,中国国家电网公司向社会发布了《国家电网公司 2005 社会责任报告》,这是第一份中国本土企业的企业社会责任报告,包括公司概况、公司社会责任的内涵、全面履行社会责任的公司价值观、持续为客户创造价值、积极创造社会财富、服务社会主义新农村建设等十六个部分,为中国企业履行企业社会责任、促进可持续发展树立了榜样,填补了中国企业履行社会责任的空白。

在报告中,国家电网公司从理论上并用实际行动诠释了企业社会责任的内涵、目标、准则和价值观,国家电网公司从员工、客户、国家、环境和社会主义新农村等全方位地阐释了其对企业社会责任的理解和所做的努力,从理念和实际行动两个方面报告了其认识和业绩,并明确了对客户、合作伙伴、社会道德、领导班子建设和员工服务准则的承诺。报告成为中国企业履行社会责任与国际接轨的一个重要标志。社会责任竞争也成为新一轮国际竞争的重要表现,企业竞争由此将进入包括质量、环境和社会责任的全面责任竞争时代。发布企业社会责任报告是先锋企业积极参与社会责任竞争的一种主动行为方式,国家电网公司发布企业社会责任报告,标志着在先进理念上也可与全球500强同台竞技。因此,温家宝总理对这份报告作出重要批示,指出"这件事办得好,企业要对社会负责,并自觉接受社会监督"。[①] 这一报告成为我国首个入选哈佛大学商学院的企业社会责任案例,更是中国企业社会责任发展的一个重要里程碑。此后,国家电网公司每年都会发布企业社会责任报告。

随后,包括宝钢、中石油、东风汽车、大众中国、中国移动等众多企业,均纷纷发布企业社会责任报告,且数量连年持续增长。

目前,发布企业社会责任报告的中国企业,主要是进入500强的大企业,包括国家电网、华能集团、南方航空、中石化、中国银行、中国移动等。同时,国企、外企、民企等各种所有制的企业,发布社会责任报告的数量逐渐增多。据统计,到2010年底,有710家企业发布了社会责任报告。[②] 而到2014年底,以上市公司和国有企业为主力军的中国企业发布的企业社

---

① 张国庆:《企业社会责任与中国市场经济前景——公共管理的决策与作用》,北京大学出版社2009年版,第190页。

② 参见 http://www.china.com.cn/economic/txt/2011-03-31/content_22267502.htm。

会责任报告则有 1526 份。这标志着企业对社会责任的认知和实践开始迈入主动、自觉和理性化的轨道。

第二,中国企业社会责任的不足。进入 21 世纪以来,企业社会责任逐渐成为我国经济生活中的一项重要内容,并引起社会的广泛关注。但总体看,我国企业的社会责任都处于探索的初步阶段,企业在承担社会责任取得长足的进步的同时,其整体形势仍不乐观。在理论层面,企业对于社会责任内涵、标准的理解认知度偏低;在实践层面,则显得比较狭隘,履行社会责任存在着严重的不平衡。调查显示,中国企业对其所应承担的社会责任认知度和实际履行的情况从高到低的排序如下:社会公益(道德)责任、经济责任、法律责任、环境(生态)责任、文化责任。① 总体而言,中国企业在履行社会责任的不足大致表现如下:

在履行经济责任方面,资源、能源消耗、浪费严重;只追求企业利润,忽视社会效益和产品安全;创新不足,山寨经济、拷贝经济盛行;资源利用率低,循环经济比较落后,表明大多数企业未能把企业社会责任的理念切实贯彻到日常生产经营和管理工作中去。

在履行法律责任方面,忽视有关劳动者保护、劳动合同、产品质量和消费者权益的法律规定,不按时足额缴纳员工的社会保险费用;安全生产意识淡薄,安全生产管理不到位;偷税漏税;侵犯知识产权等,由此引发的劳资纠纷、产品、食品安全事故以及商业欺诈等不断出现,严重影响了企业的声誉和利益相关者的利益。

在履行道德责任方面,忽视员工工作环境的改善,长时间超时加班,侵犯工人的休息权和员工的健康;拖欠工资,商业欺诈、违约活动猖獗,拖欠款、三角债和银行不良债权反复出现,假冒伪劣、制假贩假、做假账、假年报,引发了严重的信用危机;见利忘义,无视商业道德的报道屡屡见诸

① 单忠东主编:《中国企业社会责任调查报告(2006)》,经济科学出版社 2007 年版,第28—35 页。

报端,毒奶粉、瘦肉精、染色馒头、地沟油等事件接连爆发;参与社会公益活动积极性不高,对慈善事业的发展缺乏持续的积极性,尤其在社区建设方面投入更少。

在履行生态责任方面,为追求经济效益,盲目上马、引进高污染、高耗能项目,疏于管理和防治,引发了严重的环境问题,据统计,我国工业企业污染约占总污染的70%以上,国家环保总局接报处置各种突发的环境事件连年递增,2010年7月,位于福建上杭县的紫金山铜矿湿法厂发生污水渗漏事故,废水外渗严重污染了福建汀江流域;7月16日,中石油大连储油库输油管道爆炸、大量原油泄漏导致大连海面严重污染;2011年7月,中海油和康菲公司合作开发的蓬莱19-3油田发生漏油事故,导致渤海湾840平方公里的海域被污染,连续的特大污染事件已向我们敲响警钟,企业履行生态责任已到了刻不容缓的程度。

在履行文化责任方面,中国企业比较重视对员工的职业、业务能力的培训以及对企业忠诚度和团队合作精神的教育,但普遍忽视向员工灌输企业的愿景和价值观,缺乏员工创新意识的培养和为社会传承文化的长远追求,短期行为突出。

中国社会科学院在2011年11月8日发布了《企业社会责任蓝皮书:中国企业社会责任研究报告(2011)》,蓝皮书以国际企业社会责任指标体系和评估体系为参照,分别调研了中国境内的国企、民企、外企的百强企业,从责任管理(企业所制定的企业社会责任发展规划、反商业贿赂制度与措施等)、市场责任(企业的成长性、收益性以及产品合格率等)、社会责任(社保覆盖率、安全健康培训以及评估运营对企业的影响等)和环境责任(企业的环境管理和节能减排等)等四个方面评价企业社会责任发展水平,结果显示,在被选中评价的300家企业中,按百分制考评,所有企业平均得分19.7分,高于2010年的17.0分,有26家企业得分是0分甚至是负分。有近七成企业是旁观者,没有推动社会责任管理,社会责任披露十分缺乏。①

　　尽管蓝皮书未能完整、权威地概括中国企业履行社会责任现状,但总体而言尽管这些年来中国企业在承担社会责任方面有了很大进步,但其发展指数整体低下已是不争的事实。究其原因,主要有两方面,一是法律和舆论监督不够;二是企业社会责任意识仍很淡薄。因此温家宝总理在英国剑桥大学演讲时曾语重心长地说:"企业要承担社会责任,企业家身上要流淌着道德的血液。"

　　第三,中国企业社会责任艰难推进。40 年来,我国企业在改革开放和现代化建设过程中发挥了非常重要的作用,它们是社会财富的主要创造者、科技进步的重要推动者和经济全球化的主要参与者,尽管目前企业履行社会责任的情况还不很乐观,但应看到,大多数企业已经进入了相对成熟的发展阶段,它们有条件、有能力,也有义务切实承担社会责任。

　　贯彻落实科学发展观、构建社会主义和谐社会,协调推进"四个全面"战略布局,已经成为当下中国经济社会发展的主旋律,呼唤企业自觉承担社会责任。

　　科学发展观是我国经济社会发展的重要指导方针,也是我国企业社会责任的基本内容。企业在创造财富的同时,也成为资源消耗和环境污染的主体。以牺牲环境、产品质量、员工权益或是社区利益为代价,靠短期行为获取的市场竞争力不能保证企业长期稳定的发展。因此,它必须追求经济、社会与环境的全面、协调和可持续发展,促进其盈利方式和增长方式的转变,维护职工的合法权益和其他利益相关者的利益。企业通过强化社会责任意识,不断提高生产效率和产品、技术、管理、服务等的创新,重视员工、消费者和社区的利益,节约资源能源,改变生产方式,提高环境保护的能力,才能够获得更大的利润和发展空间。

---

　　① 　参见新华网,http://news.xinhuanet.com/fortune/2011-11/09/c_122253438.htm。

企业社会责任与人与自然和谐共处、经济与社会和谐发展的理念是一致的。企业是各种经济活动和经济关系的中心环节,它与社会息息相关,这种共存共荣、和谐共生的关系,应该成为企业和企业家的共识。在发展过程中,企业要与社会和谐共处,要考虑其生产经营行为是否有利于公众利益和社会和谐,自觉承担社会责任,在创造利润、合法经营的前提下,主动承担对员工、顾客、环境和社区的责任,如遵守商业道德、安全生产、劳动者权益保护、环境保护、支持慈善事业、参与社会公益、保护弱势群体、为政府分忧解难、科技创新,等等。如此,企业才能够保持自身的持续发展,实现自身的目标。因此,中国企业应该在构建和谐社会的框架下,不断强化自身的社会责任意识并把它作为企业始终不变的目标追求,并为和谐社会的建设发挥应有的作用。

社会主义市场经济体制的不断完善和规范发展,要求企业必须更好地履行社会责任。

20多年来,我国初步建立了比较完善的社会主义市场经济体制,但也存在一系列的突出问题。在经济体制改革不断推进的过程中,人们对市场经济的了解和认识也在深化,作为资源配置的手段和方式,说到底,市场经济就是一种信用经济、契约经济、法制经济、伦理经济。但市场经济的逐利本性又难免引发垄断、违背信用、不讲诚信、不守契约、无视法律法规、破坏公平竞争的市场秩序、拉大贫富差距、危害环境等市场失灵的行为。作为市场经济主体的企业,在市场经济的发展过程中发挥着越来越重要的作用。企业社会责任所倡导的责任意识、契约精神和企业伦理,则体现了市场经济的内在要求,更是弥补市场失灵和政府失灵的有效手段。

在市场经济条件下,企业在参与市场竞争、创造财富、追逐利润的同时,决不能无视自身的社会责任。加快推进中国企业社会责任建设,构筑中国的市场经济伦理,是社会主义市场经济建设的一项基础性工作,更是中国企业成长和发展壮大的根本出路。因此,从长远来看,中国企业必须承担社会责任。

另外,企业社会责任的国际化发展趋势,也使得中国企业必须很好地履行自身的社会责任,以在经济全球化的国际竞争中立于不败之地。

加入世界贸易组织十多年来,中国企业借助国际社会企业社会责任运动的发展和包括"全球契约"、SA8000、ISO26000 等标准和规则的推广、实施,积极倡议履行企业社会责任,参与企业社会责任论坛、发布企业社会责任报告、开展慈善公益活动、关注利益相关者权益保护、追求可持续发展的企业越来越多,尽管在这一过程中存在很多不足,但是中国企业正努力融入企业社会责任的全球化进程中来。

2010 年 2 月,中国社科院经济学部企业社会责任研究中心发布了《中国企业社会责任基准调查 2010》,并结合公众调查和专家研究,选出了中国企业社会责任的十大议题,包括:依法诚信经营;吸纳就业;应对气候变化;能源、资源可持续利用;安全生产与食品安全;自主创新与技术进步;员工权益与员工发展;企业全球责任,在产品外贸和对外投资中履行社会责任;公益慈善与志愿服务;企业社会责任的理性认知和有效推进。这十个方面,既是社会对企业社会责任的共同期待,也是企业履行社会责任的基本目标。

当前,亟待解决的问题是国家有关部门要借鉴国际社会的企业社会责任标准,尽快建立中国特色的企业社会责任标准认证体系,在同国际接轨的同时,进一步推动企业履行社会责任逐步走向规范,提高企业在国际市场的竞争力。要强化政府的监管,颁布强制规定企业在就业、工作条件、产品质量和安全、环保、消费者权益保护等方面应当遵守的行业准则,引导企业做好社会责任信息的披露、审验以及履行、担当,要出台强制性的法律法规和引导性的政策,促使企业将承担社会责任与自身发展有机结合起来。企业自身也要从贯彻落实科学发展观的大局出发,立足于自身发展战略和经营理念,切实履行社会责任,充分关照利益相关者的合理诉求,谋求自身的长远发展,为中国特色社会主义发展做出企业应有的贡献。

第三章　社会和谐发展的多维阐释

研究企业社会责任(Corporate Social Responsibility,CSR)与社会和谐发展问题,不仅要把握企业社会责任的内涵、外延、理论依据和实践发展等相关问题,而且要把握社会主义和谐社会的历史定位、内涵以及社会和谐发展的表征等问题。社会的和谐发展是中国特色社会主义的本质属性,是国家富强、民族振兴、人民幸福的重要保证。构建社会主义和谐社会,促进社会的和谐发展,是中国共产党在新的历史起点上把中国特色社会主义事业推向前进的重大战略选择,体现了全党、全国各族人民的共同愿望和根本利益,反映了建设富强、民主、文明、和谐的社会主义现代化国家的内在要求。

第一节　社会主义和谐社会的历史定位

社会主义和谐社会是对社会发展状态的新认识,是对社会主义社会和人类社会发展规律的进一步揭示。

第一,关于两种意义上的社会主义和谐社会。由于社会的释义有广义和狭义之分,因此,我们可以从两种意义上理解社会主义和谐社会。通常认为,社会是由人组成的,以民族或国家为载体的特定地理空间上的人们按照一定的规范发生相互联系的生活共同体。处在生活共同体中的人们从事着经济、政治、文化等各类活动,并发生着密切联系,这使得社会表现为一个大系统,是由经济、政治、文化、社会(小社会)等领域或子系统构成的有机整体,这是对社会的广义理解。狭义的社会是与经济、政治、文化相对应的概念,即所谓的"小社会",比如"社会体制"、"社会结构"、"社会政策"、"社会心理"、"社会环境"、"社会保障"、"社会事业"等,都是"小社会"领域所涉及的社会建设问题。由于对社会理解的侧重点以及其所呈现出的动态特征的差异,使得社会成为一个非常广泛的概念,可以从多个维度来理解。比如,从抽象的哲学意义上理解,社会是与自然界相对应的人类社会,它具有与自然界不同的属性特征;从社会形态和制度意义上理解,人类社会发展呈现一定的阶段性,就有了诸如封建社会、资本主义社会、社会主义社会的划分;从生产力发展的角度理解,社会就有农业社会、工业社会、信息社会、现代社会的提法;从社区的角度理解,社会就有农村社会和城市社会的区别;等等。

"和谐"是一个广泛应用的概念,只要存在不同的人或事物以及各种要素间的相互关联,就存在着人、事物和事物要素之间的和谐问题。现实中,有自然界的和谐、社会的和谐、思维的和谐;有人与自然的和谐、人与社会的和谐、人与人的和谐和人自身的和谐;有经济的和谐、政治的和谐和社会的和谐;等等。

既然社会与和谐都是非常广泛的概念,那么社会主义和谐社会是否同样是一个非常广泛的概念呢?即社会主义和谐社会是综合经济、政治、文化、自然等的总体上、宏观上的和谐社会呢,还是与政治、经济、文化相对的只涉及社会领域的和谐社会呢?我们认为,社会主义和谐社会是广义的,也是狭义的,只有从这两种意义上理解和谐社会,才能正确把握社会主义和谐社会的基本内涵。社会主义和谐社会既是囊括了政治、经济、文化在内的广义上的和谐社会,也是与政治、经济、文化相对的狭义上的和谐社会。

当然,在党的文献中,"社会和谐"的理念、目标与"社会主义和谐社会"的概念都是从与政治、经济、文化相对的角度提出的。比如,党的十六大在针对全面建设更高水平的小康社会时第一次阐述了"社会和谐"的理念和目标,提出了"使经济更加发展、民主更加健全、科教更加进步、文化更加繁荣、社会更加和谐"①的全面建设小康社会的基本要求。在此基础上,中共十六届四中全会强调加强党的执政能力建设时提出:党要不断提高驾驭社会主义市场经济的能力、发展社会主义民主政治的能力、建设社会主义先进文化的能力、构建社会主义和谐社会的能力以及应对国际局势和处理国际事务的能力,这是中国共产党第一次提出"社会主义和谐社会"概念,这个概念依然是与经济、政治、文化相对的。在中共十六届六中全会通过的《中共中央关于构建社会主义和谐社会若干重大问题的决定》中指出,构建社会主义和谐社会"反映了建设富强民主文明和谐的社会主义现代化国家的内在要求,体现了全党全国各族人民的共同愿望"②。显然,随着我国经济社会的发展,"和谐"被纳入中国特色社会主义现代化建设的总体布局中,使得我国现代化建设总体布局由社会主义经济建设、政治建设、文化建设"三位一体"发展为社会主义经济建设、政治建设、文化建设、社会建设"四位一体",后来又增加了生态文明建设,形成了较为完整的"五位一体"现代化建设总体布局。这样,社会建设成为与经济建设、政治建设、文化建设、生态文明建设相并列的社会主义现代化建设的重要组成部分。《中共中央关于构建社会主义和谐社会若干重大问题的决定》还指出:"我们要构建的社会主义和谐社会,是在中国特色社会主义道路上,中国共产党领导全体人民共同建设、共同享有的和谐社会。……发展社会事业、促进社会公平正义、建设和谐文化、完

---

① 本书编写组:《十六大报告辅导读本》,人民出版社 2002 年版,第 17 页。
② 《中共中央关于构建社会主义和谐社会若干重大问题的决定》,《人民日报》2006 年 10 月 19 日。

善社会管理、增强社会创造活力,走共同富裕道路,推动社会建设与经济建设、政治建设、文化建设协调发展。"①这就在党的文献中明确表达了构建社会主义和谐社会是与经济建设、政治建设、文化建设并列的、对应的社会建设的内涵。

然而,作为与经济、政治、文化相对应的"社会主义和谐社会"不是孤立存在的,而是与经济、政治、文化互为关联。社会主义和谐社会为物质文明、政治文明、精神文明建设创造良好的社会环境;物质文明、政治文明、精神文明的发展分别为构建社会主义和谐社会提供物质基础、政治保障和精神支撑。如果社会(小社会系统)与经济、政治、文化等在动态中协调关联,则构成大社会即社会总体上的和谐。所以,社会主义和谐社会所意旨的"社会和谐",既是与政治、经济、文化相对的社会领域的和谐,又是经济、政治、文化、社会等社会总体上的和谐。社会主义和谐社会是"小社会"领域的和谐与"大社会"系统的和谐的统一。

第二,体现中国特色社会主义本质属性的社会和谐。社会主义和谐社会是中国共产党领导全体人民共同建设、共同享有的和谐社会,它以现阶段中国特色社会主义经济、政治、文化的发展现状为基础,是普遍性和特殊性的统一。社会主义和谐社会既有和谐社会所应有的一般性特征,又有体现社会和谐的社会主义性质特征;既有体现社会主义本质的特征,又有体现中国特色社会主义的本质属性特征。

首先,社会和谐是人类追求的共同目标和社会状态,社会主义和谐社会具有社会和谐的一般性特征。其特征体现在:一是多样性与包容性相统一。和谐承认差异并意味着多元并存,一种事物内部或不同事物之间没有差别就无以产生对立统一,和谐也就无从谈起。社会主义和谐社会承认所有制的多样性、分配方式的多样性、思想文化的多样性等,并以其

---

① 《中共中央关于构建社会主义和谐社会若干重大问题的决定》,《人民日报》2006年10月19日。

极大的差异张力和包容亲和力来促进社会和谐。社会主义和谐社会体现了多样性前提下的包容性。二是稳定性与动态性相统一。社会和谐是一种状态,一定发展阶段上的社会和谐度是相对稳定的;而和谐社会又是动态发展的,不同历史发展阶段上的社会和谐度会有所不同,和谐的具体内涵、表征也不相同。当前,全面建成小康社会时期的社会和谐是基于现实发展为基础的目标和任务,未来将构建更高水平的社会主义和谐社会,因此,构建社会主义和谐社会的过程是稳定性与动态性相统一的过程。三是效能性与秩序性相统一。活力效能、稳定秩序是社会和谐的基本特征,效能与秩序互为条件。通过多种途径和方式激发社会活力,促进社会安定有序是社会和谐的重要体现,社会主义和谐社会是充满活力、安定有序的社会,是效能性与秩序性的统一。

其次,和谐社会体现了中国特色社会主义的本质属性。党的十六届六中全会提出了"社会和谐是中国特色社会主义的本质属性"[1]的论断,这一论断具有特定的意旨:一是体现了社会主义的本质属性。社会主义和谐社会"是在中国特色社会主义道路上,中国共产党领导全体人民共同建设、共同享有的和谐社会"。其中"共同享有"符合共同富裕的要求,而共同富裕是社会主义本质内容的重要方面,因此,共同享有、社会和谐体现了社会主义的本质属性。二是体现了中国特色社会主义的本质属性。社会主义和谐社会体现了社会主义公平正义的基本价值取向,反映了社会主义的价值理念和价值体系,它以体现社会主义公平价值观的制度来促进社会和谐。社会主义和谐社会同时体现了中国特色社会主义建设实践需要的社会主义核心价值观,坚持以社会主义核心价值观引领社会思潮。在价值的层面和系统内,社会主义和谐社会体现了中国特色社会主义的本质属性。三是社会主义和谐社会具有鲜明的中国民族特色,

---

① 《中共中央关于构建社会主义和谐社会若干重大问题的决定》,《人民日报》2006年10月19日。

它存在于中国特色社会主义现代化建设实践中,贯穿于中国特色社会主义建设的全过程,它传承了中国社会历史,承继了中华民族的文化传统,是中国特色社会主义现代化的战略目标所在。

第二节　社会和谐发展的表征

马克思主义认为,社会发展内含着一定的规律,人类社会只有遵循社会发展的客观规律,才能不断增量和谐因素,实现社会和谐发展。

第一,社会和谐发展的规定性。社会的和谐发展是动态的,在不同历史条件下,社会和谐发展的程度是有差别的。这里所谓的规定性,就是衡量社会和谐发展的几个标度。在我国,构建社会主义和谐社会,促进社会和谐发展,是中国特色社会主义发展的需要,与全面深化改革和全面建成小康社会密切关联。由此,社会和谐发展有其规定性:

首先,社会的运作遵循并符合人类社会发展的一般规律。马克思主义认为,人类社会的基本矛盾是生产关系与生产力、上层建筑与经济基础之间的矛盾,生产关系一定要适应生产力的发展,是人类社会发展的一般规律。所以,从理论上讲,社会和谐发展的一个基本规定性,就是一定阶段的生产关系适应那一阶段的生产力,一定阶段的上层建筑与特定阶段的经济基础相适应。同时,这种适应的结果应是经济、政治、思想文化的协调发展,也是社会物质文明、政治文明、精神文明、社会文明和生态文明的共同进步。

其次,在政策、法律、制度设计以及其所致的社会现实层面,基本体现社会公平和正义。社会的和谐发展不是指社会的无差别、无矛盾,合理的差别也是社会和谐发展的要求,但社会和谐发展的表征应是社会的公平与正义。社会公平和正义是人类的美好追求,它体现在政策、法律、制度设计以及其所致的社会现实层面。例如,我国正在积极推进的户籍制度改革,便是在制度设计层面,致力于社会的公平和正义。

再次,社会矛盾及人与自然的矛盾趋于缓和,是社会和谐发展的重要规定性。按照辩证唯物主义的基本观点,社会本身是矛盾的统一体,矛盾是普遍存在的,矛盾无时不有,无处不在。但是,如果社会矛盾不断增量,社会矛盾凸显,社会矛盾激化,社会不稳定,突发事件频发,生产生活环境日益恶化,那说明社会矛盾及人与自然的矛盾趋于紧张,社会正背离和谐的发展状态。所以,只要社会处于和谐发展状态,那么社会矛盾及人与自然的矛盾一定趋于缓和。

最后,人们普遍得到尊重,是社会和谐发展的应有规定性。社会和谐发展根本上是围绕人的和谐发展,社会和谐发展的出发点和归宿都是为了人。这里的人既是群体的人、阶层的人,也是个体的人。从事不同职业的社会各阶层、社会群体(如农民工)、社会个体,在法律面前平等,在人格上平等,都能得到应有的尊重,这是社会和谐发展应有的规定性。

第二,社会和谐主要体现为人、社会、自然及其之间关系的协调。社会发展是一个包含经济建设、政治建设、文化建设、社会建设以及生态文明建设等各个领域在内的进步过程。而"和谐"这一范畴主要反映了事物发展的协调、平衡、秩序和合乎规律性的特征。因此,社会和谐是社会系统内部各要素协调均衡、相互融洽、稳定有序的理想状态,从国内的角度看,其基本要求就是要处理好人与人之间、人与社会之间、人与自然之间的关系,解决好社会发展的主要矛盾和问题。

首先,社会和谐体现在人的和谐上,包括人自身的和谐、人际关系的和谐、群体与群体的和谐等。人自身的和谐主要体现为人身心的健康,尤其是心理的和谐、平衡。人的身体健康状况取决于多种因素,有先天的遗传因素,也有后天的多种因素。但是,人心理上的和谐、平衡以及人思想道德上的积极、向上、向善等基本上是家庭、社会环境和谐的产物。身体健康、心态良好、人格健全、好德乐善、精力充沛等都是人自身和谐的体现。人际关系的和谐反映的是人与人关系的和谐,体现为家庭成员之间的和谐、组织中的人际和谐、个体与他人的和谐、邻里和谐等等。群体与群体的和谐范围较广,具体而言,群体与群体之间关系的和谐包括社会阶层之间的和谐、民族之间的和谐、利益群体之间的和谐、执政党与群众关系即党群关系的和谐、干部与群众的和谐等等。这里必须强调的是,群体与群体之间关系的和谐是社会和谐发展的重要体现,也是社会和谐发展的关键。收入分配差距问题、城乡发展不平衡问题、企业管理层与一线生产者关系问题、本地人口与外来人口关系问题等等都是群体与群体关系问题的具体化。

其次,社会和谐体现在人与社会之间关系的和谐。人与社会之间关系的和谐即人与社会的政策法律制度、组织机构之间的互为作用、互为促进、互为制约。人是社会的人,人通过家庭、学校和社会的教育逐步社会化,最终都要融入社会。人融入社会的过程即人与社会的政策法律制度、组织机构关联的过程。人与社会之间关系的和谐体现在两个方面:一方面,人对现存政策、法律制度的基本认同,对既定法律和制度的遵守,承担社会责任和义务,与经济政治及社会组织协调,各司其职,各得其所;另一方面,反过来,社会的法律制度能保障人的权益,维护社会公平正义。

再次,社会和谐体现在人与自然的和谐,即人与其所处的自然环境和谐共生。人们为了增加自身的福祉,需要利用自然尤其是自然资源。为此,如果在经济增长的同时,合理开发利用自然资源,保护环境,尊重自然,顺应自然,能合理控制人口的数量,并处理好经济发展与资源、环境的关系,实现经济社会发展与资源节约及环境优化的双赢,这便是人与自然的和谐。

第三,社会和谐发展要求经济社会全面发展、协调发展和可持续发展。人类社会的发展是一个有规律的过程,社会和谐发展的基本要求就是要遵循社会发展的客观规律,实现经济社会全面、协调和可持续的发展。

首先,全面发展。社会发展是一个多维的综合的系统工程,是以生产力发展为前提和基础的多领域并进的过程。生产力的发展是人类社会生存和发展的基础,但人类社会的发展不仅仅涉及经济领域,其必然深入到政治、文化、社会以及生态领域,人类社会各个领域的发展不是孤立的,而是表现为一个有机的整体。因此,和谐社会是一个物质文明、政治文明、精神文明和生态文明全面发展的社会,促进社会和谐发展要求五大方面建设全面推进。经济建设为社会和谐发展提供必要的物质基础,它影响着人们的政治关系、政治行为、政治制度的建立和完善,也制约着文化发展状况和思想道德水平;政治建设为社会和谐发展提供政治保证,确保人们享有平等的权利和民主的政治秩序,为经济建设和其他各项建设提供良好的政治基础和环境;文化建设为社会和谐发展提供思想保证和智力支持;社会建设为社会和谐发展提供基本制度保障和公共服务保障;生态文明建设为社会和谐发展提供资源和环境的保障。一句话,和谐社会应是一个经济发展、政治民主、文化繁荣、社会和谐、生态平衡的社会,促进社会和谐必须推动经济社会的全面发展。

其次,协调发展。社会系统是一个矛盾集合体,社会发展也是一个各种矛盾关系不断生成和解决的过程。社会和谐发展要求处理好发展的各种矛盾和关系,实现政治、经济、文化、社会以及生态文明建设各个要素、各个环节、各个领域之间的相互配合、协调并进。这就要求在坚持以经济建设为中心的同时,更加注重社会建设和社会管理,实现经济社会的协调发展和共同进步。社会和谐还要求城乡之间、区域之间协调发展,以利于生产要素在城乡和各区域间的合理流动。只有这样,才能减少发展的阻碍和不和谐因素,从而形成促进人类社会发展的合力。

再次,可持续发展。自然界"是我们人类(本身就是自然界的产物)赖以生长的基础"①。人类社会的存在与发展离不开一定的自然环境,自

①《马克思恩格斯选集》第4卷,人民出版社2012年版,第228页。

然环境为人类社会的永续发展提供了物质前提和基础。因此,社会和谐追求发展的持久性、连续性和可再生性,要求处理好人与自然之间的关系,使人与自然和谐相处,实现人类社会的可持续发展。社会和谐发展要求把经济社会发展与人口、资源、环境协调起来,采用尽可能地节约资源、保护环境的发展方式,实现人类社会有质量和有效益的发展。

　　总体来说,促进社会和谐发展要求坚持以人为本,遵循人类社会发展的客观规律,实现人与自然、人与社会、人与人之间的和谐统一、协调并进,使我国经济社会呈现生产发展、生活富裕、生态良好的文明发展格局。

第三节　促进社会和谐发展的任务艰巨

　　在全面深化改革以及全面建成小康社会的背景下,我国经济持续发展、人民生活水平不断提高、民众普遍得到实惠。与此同时也出现了诸多社会不和谐因素,产生许多社会问题,一些社会问题的存在不仅使社会和谐度减量,而且成为影响社会和谐发展的重要因素。所以,促进社会和谐发展的任务是艰巨的。

　　第一,社会和谐发展中出现了诸多不利因素。我们必须承认,今天的中国总体上是和谐的,但在总体的社会和谐发展中,也出现了诸多不利因素,存在着影响社会和谐发展的一些突出矛盾和问题。

　　其一,发展的不平衡性、不协调性突出。我国发展不平衡性突出。在现阶段,我国发展面临的主要问题之一就是城乡和区域之间发展的相对不平衡性。据国家统计局公布的数据显示,我国区域经济发展十分不平衡,西部幅员辽阔,资源丰富,但西部地区经济总量与东部相比是远远落后的,如 2015 年,东部一些省份的经济总量已经超过 6 万亿元人民币,而西部经济总量最少的省份才 1000 多亿元。全年全国居民人均可支配收入 21966 元,按常住地分,城镇居民人均可支配收入 31195 元,农村居民人均可支配收入 11422 元,全年农村居民人均纯收入为 10772 元。全国农民工人均月收入 3072 元,全国居民人均消费支出 15712 元,城镇居民人均消费支出 21392 元。[①] 可见,地区之间、城乡之间的发展呈现明显的不平衡性。我们承认,和谐社会不是无差别的、同质的社会,承认差别,尊重差别才能实现社会和谐发展。城乡和地区之间的发展不可能没有差距,适宜的差距能促进经济社会的互动与发展,从而促进社会全面进步。但是城乡和地区之间过大的不适宜的差距将导致他们之间的互动受阻,影响和阻碍生产要素在城乡和地区之间的流动,影响社会的和谐发展。

我国发展的协调性也不容乐观。党的十六届六中全会强调,社会和谐取决于发展的协调性。我国经济社会已经进入了新的发展阶段,而经济社会发展的不协调性仍然是目前影响我国社会和谐发展的主要因素之一。如我国经济实现了快速的发展,而我国的民主法治建设还不够完善,政治的制度化水平相对滞后,不能与民众的政治参与同步,在许多方面,公民的民主权利未能得到充分的实现,社会成员的思想道德素质和科学文化素质也不高。从社会建设的角度,我国社会事业的发展严重滞后于经济发展,一些社会矛盾和问题较为突出,出现了诸如贫富差距加大、社会保障水平不高、政府债务风险与财政风险加大等问题,"就业难、上学难、看病难、住房难"等民生问题仍然存在,这给我国经济社会发展带来了一些消极影响。

其二,发展的不可持续性凸显。我国经济社会发展正面临着资源短缺和环境污染的压力。比如,国土资源部 2016 年 4 月公布的数据显示,仅就耕地资源而言,2014 年我国因建设占用、灾毁、生态退耕、农业结构调整等原因减少耕地面积 38.8 万公顷。[②] 对于一个人口大国来说,生产

---

① 《2015 年国民经济和社会发展统计公报》,见 http://www.stats.gov.cn/tjsj/zxfb/201602/t20160229_1323991.html。

② 《2015 中国国土资源公报》,见 http://www.mnr.gov.cn/sj/。

中的耕地资源的约束力较大。

与发达国家相比,我国资源消耗偏多而利用效率偏低。有数据显示,我国国内生产总值不到世界的 10%,但煤炭消耗却占世界的 30%,钢材消耗占 25%,水泥约占 50%。一吨标准煤产生的效率仅是美国的 28.6%,欧盟的 16.8%,日本的 10.3%。目前经济活动中不合法、过剩和高能耗的生产活动大量存在,特别是有些企业一味注重经济利益,而忽略了资源的合理开发和利用,造成了资源的大量浪费。

同时,我国发展中的环境形势严峻。根据我国环境保护部 2015 年发布的《2014 中国环境状况公报》,全国废气中二氧化硫排放总量为 1974.4 万吨。其中,工业二氧化硫排放量为 1740.3 万吨、城镇生活二氧化硫排放量为 233.9 万吨。全国废气中氮氧化物排放总量为 2077.7 万吨。其中,工业氮氧化物排放量为 1404.8 万吨、城镇生活氮氧化物排放量为 45.1 万吨、机动车氮氧化物排放量为 627.8 万吨。[①] 全国废气中烟(粉)尘排放量为 1740.6 万吨。其中,工业烟(粉)尘排放量为 1456.1 万吨、城镇生活烟(粉)尘排放量为 227.1 万吨、机动车烟(粉)尘排放量为 57.4 万吨。而 2015 年,在监测的三百多个城市中,城市空气质量达标的城市仅占五分之一左右,未达标的城市占近百分之八十。这说明,我国经济社会发展仍面临环境污染的巨大压力。可以说,改革开放 40 年来,我国经济实现了高速发展,但也付出了资源和环境的代价,资源枯竭、气候变暖、土地沙化等人与自然关系的失衡状态,使我国经济社会发展面临巨大的威胁与挑战。

其三,分配政策法规尚需完善。改革开放以来,我国在财富分配方面打破了"大锅饭",形成了以按劳分配为主体、多种分配方式并存的制度,调整了分配结构,规范了分配秩序。但目前的分配结构和分配秩序仍存

---

① 《2014 中国环境状况公报》,见 http://www.mee.gov.cn/hjzl/zghjzkgb/lnzghjz/cgb/。

在一些不合理因素,如缺乏一种合理配置、公开透明、相互制约的分配机制,国家、企业和个人三者的分配关系还没有彻底理顺,劳动报酬在初次分配中的比例不高,农民等许多劳动者社会阶层的收入过低等问题,这些导致了财富分配方面的不合理。

其四,公共资源配置不均衡。在社会化大生产条件下,社会成员应共享社会发展的成果,公共资源公正、有效的配置是社会和谐发展的要求。我国通过改革,优化了公共资源的配置,促进了经济社会的发展,但在公共资源的配置上,仍然存在着一些问题,如城乡资源配置不均衡,资源过于集中在城市,对农村资源配置相对较少;地区之间的资源配置差别也较大;资源大多为上层社会阶层人群所掌控,而下层社会阶层占有和支配的资源较少等。

其五,社会管理、社会保障和社会服务制度不完善。快速的社会发展与相对滞后的社会制度及制度安排,致使处于转型期的中国社会管理体制与法制面临挑战,各利益主体之间的关系尚未得到规范和保障,例如,教育、住房、就业、医疗、收入分配、社会保障、安全生产、社会治安等方面的制度还不完善,法制还不健全,有关民生类社会制度建设的滞后性,必然会引发错综复杂的社会问题和矛盾。一些制度设计公正性的缺失和社会政策的实施力度不够,使得利益关系没有得到有效协调而引起利益失衡。

在现代市场经济条件下,各微观主体的行为必须依法受到规制,特别是与国民的健康、生命、安全、发展密切相关的领域必然需要政府的规范和制约,但由于社会管理机制缺失或政府的规制、监管和服务不到位,加上政府管理和服务水平不高,因而引发了社会矛盾日益凸显。

此外,利益表达渠道有待优化。马克思曾指出:"人们奋斗所争取的一切,都同他们的利益有关。"[1]利益是社会存在和发展的内在根据,人的

---

[1] 《马克思恩格斯全集》第 1 卷,人民出版社 1956 年版,第 82 页。

一切行为皆根源于利益。利益和谐与均衡是构建和谐社会的本质要求。随着改革开放和社会主义市场经济的发展,我国利益格局呈现出利益主体多元化、利益来源多样化、利益差别扩大化、利益关系复杂化的局面。这就需要畅通的利益表达渠道,以保证人民群众的利益诉求得到及时体现和妥善解决,利益关系得到有效协调。然而由于利益表达渠道不畅通,致使一些社会问题如职工下岗、环境污染、拖欠克扣工资、拆迁征地安置等涉及民众切身利益的问题,得不到及时有效的解决。

总之,认清了影响社会和谐发展的这些矛盾和问题,就要积极主动地正视矛盾,寻找化解矛盾的正确途径和有效方法,不断地促进社会和谐发展。

第二,促进社会和谐发展,面临着诸多繁杂问题。诸如社会治安、就业、收入分配、住房、教育、医疗卫生、社会保障、安全生产等问题,都是社会和谐发展中有待解决、完善和优化的问题。

其一,在财富分配方面,存在收入差距过大以及社会贫困问题。目前,我国在收入方面的区域差距和城乡差距在不断扩大。根据国家统计局公布的数据,2004 年我国的基尼系数就达到了 0.47,已经大大超过了0.4 的国际警戒线,至今仍保持在 0.45 以上的水平(2015 年全国居民收入基尼系数为 0.462)。城乡之间的收入差距明显拉大,根据《2015 年国民经济和社会发展统计公报》,农村居民人均可支配收入 11422 元,城镇居民人均可支配收入 31195 元,①农村居民人均可支配收入为城镇居民人均可支配收入的 36.6%,两者仍有较大的差距。而我国各地区之间的差距也有不断扩大的趋势,财富分配不均的问题已严重影响和制约着社会的和谐发展。此外,贫困问题仍然是困扰我国经济社会发展的一个重要因素,按照每人每年 2300 元(2010 年不变价)的农村扶贫标准计算,

---

① 《2015 年国民经济和社会发展统计公报》,见 http://www.stats.gov.cn/tjsj/zxfb/201602/t20160229_1323991.html。

2015年农村贫困人口5575万人。① 一些家庭因健康、升学、买房等原因重新返贫的现象也较为突出。

其二,在社会关系方面,存在劳动关系、干群关系、企业与消费者之间关系紧张问题。在建立和发展社会主义市场经济过程中,劳资关系已经成为最重要的社会关系之一。近年来,由于资本收益过分压低劳动报酬导致的劳资矛盾较为突出,一些劳动者的利益诉求得不到及时和妥善的解决,引发了劳资双方关系的紧张态势,如部分农民工讨要工资的劳资冲突事件不断出现。而主要由于官员的腐败行为导致干群之间的关系也日趋紧张;在企业,经营者和管理者与劳动者之间集中表现的领导同群众之间的矛盾也不断出现,由此引发的干群冲突也逐渐增多。此外,由于企业缺乏诚信经营而导致企业与消费者之间的关系有时也呈现出紧张的态势。

其三,在社会保障方面,存在保障水平低和一些劳动者保障难问题。由于受到我国经济社会发展水平的制约,目前我国社会保障水平较低,尤其是农村的社会保障水平过低,社会保障事业的发展现状还不能满足广大人民群众在此方面的需求,养老难、看病难等问题还没有得到根本解决,社会成员在养老、医疗、失业等方面得不到应有的保障也已经日益成为一个突出的社会问题。此外,虽然国家制定了相关法律法规逐步完善社会保障体系,但一些劳动者特别是企业劳动者在享受社会保障方面仍然面临着较为严峻的挑战和障碍,除大部分国有企业在落实国家相关政策法规方面的情况还比较好外,一些企业尤其是私营企业的员工,社会保障方面的权益难以维护。

其四,在社会安全方面,存在生产安全、食品安全等突出问题。人们

---

① 《2015年国民经济和社会发展统计公报》,见 http://www.stats.gov.cn/tjsj/zxfb/201602/t20160229_1323991.html。

的安全感是评价社会和谐程度的重要指标,但目前生产安全、食品安全等问题较为严重,使人们在生命、生活及财产等方面得不到应有的保障,致使人们的安全感下降。如一些个人和企业由于没有贯彻《劳动法》和国家有关安全生产的规章制度,在职工的生产安全、保护职工健康等一些合法权益等方面做得不够,使劳动者的生命、工资、财产等受到了一定的威胁。近些年,工伤事故呈现持续高发态势,煤矿等行业重大和特大事故多发,由于劳动强度过大而直接或间接导致威胁员工生命的事件也时有发生。此外,近些年来,食品安全问题也成为困扰社会和谐发展的一个严重问题,2008 年大型乳品企业三鹿奶粉等一系列食品安全事件,引发了国民对食品安全的担忧,一些重大食品安全事件也呈现上升势头。

其五,在劳动就业方面,存在就业难、权益保障难等问题。当前,我国就业形势仍然较为严峻,劳动力供求矛盾紧张,在社会就业方面存在的突出问题就是大学生就业压力大和农民工找活难、干活苦及维权不易。我国"十三五"期间,平均每年需要在城镇新就业的以高校毕业生为主体的青年人大约为 1500 万人,与此同时,我国失业率近十年来也一直维持在 4%以上,2015 年末城镇登记失业率为 4.05%,[1]由于待业人口之多,就业压力之大前所未有,大学生很难找到工作,从而成为影响社会稳定的重要因素。

除了就业难以外,农民工的劳动权益在一定程度上也时常受到侵害。《劳动合同法》、《劳动者权益保护法》出台后,农民工权益的保护有所进步,但有时仍然得不到有效落实。农民工受职业技能低等限制,只能从事城市人不愿干的脏、苦、累、风险大等边缘职业,就业环境差,劳动时间长,工作量大,劳动报酬低。此外,一些企事业单位存在着非法用工、超时加

---

[1]　《2015 年国民经济和社会发展统计公报》,见 http://www.stats.gov.cn/tjsj/zxfb/201602/t20160229_1323991.html。

班等问题,劳动者的基本权益难以得到应有的保障。

其六,在教育方面,存在教育资源供给不足和教育公平性等问题。由于一直以来我国财政性教育经费支出占国内生产总值的比重较低,教育优先发展战略没有很好地体现,目前广大人民群众对于教育的强烈需求和教育资源供给不足的矛盾比较突出,特别是终身教育体系尚没有形成,全民受教育程度和创新人才培养方面难以满足社会的需求。城乡、区域及学校之间教育发展不平衡的现象仍然存在,一些地区上学难、上学贵,特别是一些农民工子女及留守儿童的平等受教育权还没有得到充分保障,因经济困难失学的现象仍然大量存在,教育不公平的深层次原因没有得到根本解决等。

第三,社会和谐发展中出现的诸多不利因素及问题所致的负面影响。以上社会发展不利因素及问题的出现导致了一些社会矛盾和冲突的激化,对社会和谐发展产生了许多不利的影响。

首先,社会和谐发展中出现的诸多不利因素及问题导致有效需求的不足,影响经济又好又快发展。目前,我国正在实施扩大内需战略,转变经济发展方式。但近些年来,由于国内贫富差距过大、社会保障水平不高以及社会产品质量和安全上的原因,国内需求受到严重影响,富者消费增量小于收入增量,贫者则无力消费。收入差距拉大使社会陷入"穷人更穷、富人更富"的失衡"陷阱",使扩大消费很难有效推进,有效需求的不足成为制约我国经济增长的一个重要因素,对经济的持续快速发展造成不利的影响。此外,社会财富向政府、少数人、企业主过度集中,也扭曲了消费市场,不利于社会主义市场经济的发展。

其次,社会和谐发展中出现的诸多不利因素及问题导致群体性事件和违法犯罪现象增多,影响社会稳定。由于人们在就业、医疗、住房等方面的生活压力,一些合理的利益诉求得不到正常的表达和满足,导致一些群体性事件和违法犯罪现象增多,如青少年犯罪现象比较严重,这就扰乱了社会正常的秩序和生活模式,增加了社会的不稳定性,从而影响社会和谐发展与构建。

再次,社会和谐发展中出现的诸多不利因素及问题导致社会心理失衡,影响社会心态。社会心理是人们在一定历史条件下以经验的形式对社会生活的集中反映。自尊自信、理性平和、积极向上的社会心理是社会和谐发展的要求。目前我国处在社会转型期,社会生活的剧烈变迁必然引起社会心理的变化和波动,而当一些社会问题得不到有效解决,一些企事业单位对本部门工作人员的心理缺乏疏导或疏导不够的情况下,就会容易形成心理冲动和对立情绪,导致人们在社会心理方面的失衡,出现社会心理扭曲、人格分裂等现象。近年来由于人们社会心理失衡而导致的刑事案件也屡见不鲜,从而影响到社会心态,成为社会和谐发展的不利因素。

可见,必须密切关注影响我国社会和谐发展的社会问题,正确处理社会各类矛盾和冲突,减少其对社会和谐发展的负面影响,在经济发展的基础上,更加注重社会建设,着力保障和改善民生,促进社会公平正义,妥善协调社会各方利益关系,推动经济社会协调健康发展,不断提高我国社会的和谐程度和和谐水平。

第四节 依托组织载体促进社会和谐发展的着力点

社会自身的组织化是现代社会的一大特点,组织广泛地存在于现代生产和生活中,社会成员只有在组织中,才能有效地表达和实现自身利益,因此,现代社会的发展趋向是组织化程度愈来愈高。可以说,现代社会的发展在很大程度上得益于人们为达到各种目的而建立和发展各种组织的能力。由于现代社会组织的发展使得社会建设和管理可以通过社会组织体系来实现,社会通过组织载体有效地协调和化解利益矛盾,达到人与人的和谐相处、经济与社会的有序推进和人与自然的和谐相处,这样,组织就成为促进社会和谐发展的有效载体。同时,组织也成为促进社会和谐发展的着力点。

第一,关于现代社会中的组织。组织与现代社会的发展密切相联,其在现代社会生产和生活中发挥着极其重要的作用。管理学中的组织通常是指这样一种社会实体,它具有明确的目标导向和精心设计的结构与有意识协调的活动系统,同时又同外部环境保持密切的联系。① 一般来讲,组织具有如下几个特点:一是具有明确的目标。明确的共同目标是组织产生和继续存在的根据,组织目标把组织成员凝聚在一起,满足个人不同的需要,从而能够形成一种统一的力量,在某种意义上,组织也是实现某种特定目标的工具。二是存在不同层次的分工协作,组织内部成员的分工即在职务范围、责任、权力等方面的协作使组织成为一个有着一定结构和层级的体系。三是作为一个有机的系统整体,与外部环境发生着联系。现代社会中的组织从不同角度可以有不同的分类,如按组织的目标划分,分为互利组织、商业组织、服务组织、公益组织;按有无正式结构划分,分为正式组织和非正式组织;按组织对成员的控制方式划分,分为强制组织、功利组织和规范组织;按组织的人数多少划分,分为小型组织、中型组织、大型组织和巨型组织;按组织的性质划分,分为经济组织、政治组织、文化组织等。

我国社会各类组织的发展经历了一个过程。原来在计划经济体制下,政府集合了组织社会生产、管理社会生活的功能,但随着社会主义市场经济体制的建立以及社会主义市场经济的发展,那种计划经济体制下的管理模式已经不合时宜了。在这种情况下,动员各种社会力量,特别是利用各类组织资源来参与社会建设和管理就成为必然。而与此同时,我

---

① [美]理查德·L.达夫特:《组织理论与设计》(第9版),王凤彬等译,清华大学出版社2008年版,第30页。

国改革开放和社会主义市场经济的深入发展也使我国社会的组织发展呈现出新的特点和面貌,各类组织发展迅速,在数量和质量上都有较大的提高,在我国经济、政治、文化、社会建设等方面发挥着越来越重要的作用,组织的发展为我国社会的良性运行与和谐社会建设注入了新的活力和动力。

第二,关于社会和谐发展中组织的作用。组织社会的单元和细胞,是构建社会主义和谐社会的载体,不可忽视。构建和谐社会的主体不仅仅指个人,还包括由一定的成员、结构和文化组成的组织。组织在构建社会主义和谐社会中具有不可替代的独特优势。

首先,从微观组织行为学的角度来看,健康而成熟的组织是和谐社会建设的积极力量。按照组织行为学的观点,个人、群体以及结构是组织行为的决定因素,然而反过来,组织对个人、群体等又产生了重要的影响。组织是社会财富、社会关系和社会精神的重要载体,在和谐社会建设中发挥着举足轻重的作用。一是提高工作效率,发挥组织成员的积极性和创造性。组织系统的科学化和规范化能有效提高组织效率。组织通过人们劳动时空排列的有序化和优化、生产知识的扩散和互补以及分工协作、相互激励和启发,能够发挥组织成员的积极性和主动性,并使组织成员的活动得到有效协调,极大地提高工作效率。二是整合社会关系,满足组织成员的利益诉求。组织的存在是以能够满足社会成员某一方面的需要为前提的,组织通过一定的组织目标的实现,有利于组织成员利益需求的实现。如组织成员通过在组织中劳动的付出,可以获取一定的劳动报酬,并满足其归属感、发挥个人才干、获得尊重和权利等方面的需要。组织可以通过制度化管理和内部的利益整合机制,处理好劳资关系、上下级关系、同事关系等,使社会关系得到有效的协调。三是形成组织文化,规范组织成员的行为。美国组织行为学的权威斯蒂芬·P.罗宾斯认为,在每个组织中,都存在着随时间演变的价值观、信条、仪式、神话及实践的体系或模式,即组织文化,"它使组织独具特色,区别于其他组织。"①组织需要一种文化提供共同的价值观体系,从而保证组织中的每一个人都朝同一个方向努力。组织文化代表着组织成员的一种共同认识,在很大程度上决定了雇员的看法及对周围世界的反应。组织文化通过为组织成员提供言行举止的标准,把整个组织聚合起来,引导和塑造员工的态度和行为。它对组织成员具有教化功能、导向功能、约束功能、凝聚和激励功能以及调适功能等,从而规范着组织成员的行为。

其次,从中观组织理论的角度来看,组织与其外部环境的和谐能够促进社会和谐发展。组织是社会系统中的一个子系统,组织的存在和发展必然离不开一定的外部环境,任何组织都是在一定的环境中从事活动的,组织与外部环境时时刻刻都在发生着密切的联系,在不断地与外部环境进行着物质、能量以及信息的交换。因此,组织受社会、经济、政治以及文化环境的影响,其所处的外部环境影响着组织活动的方向和内容,组织应积极适应环境的变化。反过来,外部环境也会受到组织的影响,在与组织的联系中促进自身的发展和完善。组织内外环境相互制约、相互影响,表现为一个联动的整体。

组织内外环境的和谐统一对社会和谐发展的影响较大。一方面,构建社会主义和谐社会,为组织的存在和发展提供了必要的社会环境、自然环境和人文环境。另一方面,组织通过促进其与外部环境的和谐,影响着和谐社会的构建和发展。今天越来越多的组织面对的是一个动态的、变化不定的环境,它要求组织适应这样的环境的同时,也要求组织发挥对外部环境的辐射作用,促使良好外部环境的形成。如组织要积极适应构建和谐社会的发展要求,影响和改善外部环境,通过树立良好的组织形象、支持和赞助社会公益事业、节能降耗、保护环境、救助灾害等行为,促进人

---

① [美]斯蒂芬·P.罗宾斯:《组织行为学》,孙健敏译,中国人民大学出版社1997年版,第522页。

与人、人与社会、人与自然和谐相处良好氛围的形成。

再次,从社会管理的角度,组织通过参与社会建设、承担社会责任,促进社会和谐发展。组织是创造社会财富的主体,通过向社会直接提供社会产品和服务,促进经济社会发展。此外,组织往往成为社会建设和管理的中介,成为妥善处理社会矛盾、社会问题和社会风险的主体。组织介于个人与政府以及社会之间,可以参与社会建设和管理,在一定程度上弥补政府力量的不足。组织还通过承担社会责任,如参与提供公共物品、提供专业服务,在扶贫、济困、救助弱势群体等方面发挥作用,化解社会矛盾,促进社会和谐发展。

可见,健康而成熟的组织是现代社会发展的需要,社会组织建设本身也是社会建设的一个重要组成部分,只有不断加强组织的自身建设,发挥组织在构建和谐社会中的作用,才能使社会建设和管理健康发展。

第三,企业组织是社会和谐发展的一个重要载体。如上所述,构建社会主义和谐社会,涉及诸多方面,需要各类组织的参与,其中包括执政党和政府、机关事业单位、民间社团、企业组织、城乡基层社区等等,即政府、企业、社会分别承担各自的责任和义务。而企业组织与其他类型组织相比,与社会发展的关系更为直接和密切,在促进社会和谐发展中发挥着不可替代的作用。企业组织是由出资者、经营管理者和员工组成的向社会提供产品和服务的经济组织,是以盈利为目的的经营单位,是现代社会一种非常重要的组织形式。引导企业行为与社会发展协调一致,使企业行为对社会发展产生积极的影响,是和谐社会建设的重要途径。

其一,企业作为市场主体,对建立和完善和谐有序的社会主义市场经济具有重要作用。企业向社会提供产品和服务从而盈利是通过市场这一现代社会的经济载体实现的。企业是市场的主体,企业在为赢得利润不断提高生产能力的过程中,会以市场为核心,贴紧市场,把握市场,调整策略,拓展利润增长点,以效率和效益为中心优化配置生产要素,推行科学化管理,深挖潜力,不断提高发展质量,依靠科技进步积极促进经济发展方式转变,这些行为直接影响着和谐有序的社会主义市场经济的建立和发展。

其二,企业在社会主义民主政治建设中发挥着重要作用。企业作为基层组织担负着基层民主建设的基础性工作,是落实企业职工各项民主权利实现当家作主的直接承担者。企业通过职工代表大会和其他形式的民主管理制度等落实企业员工参与企业管理的权利,对自身实行民主管理,协调劳动关系,能够保障和维护职工合法政治权益等。企业还可以实现员工有序的政治参与,建立协商平台,在推进社会主义民主政治建设中发挥重要作用。

其三,企业在构建社会主义和谐文化中具有重要作用。有企业存在,就会形成一定的企业文化,企业文化是组织发展的思想保证和精神动力,是影响和促进和谐社会发展的重要力量之一。企业文化的形成和发展可以强化组织成员对企业的认同感,使企业成员在注重自身利益时能主动兼顾组织利益,增强企业组织的稳定性。从某种程度上说,企业组织存在的最主要条件不是来自组织形式或管理技能,而是对全体组织成员具有感召力的企业文化。企业文化建设本身就是和谐文化建设的一部分。如许多企业倡导绿色企业组织文化的构建,企业管理者和雇员以绿色作为共同遵守的基本信念、价值标准、职业道德、职业伦理和精神面貌,在企业的战略目标、企业精神、风气、道德和宗旨等方面体现环保和节约,使企业文化建设成为和谐文化建设的重要组成部分。

其四,企业在社会管理和建设上承担着一部分职能。改革开放前企业组织通常具有以下三种社会功能:"政治统治功能、社会资源分配功能以及专业化功能。"①而改革开放以后,我国企业组织经历了从单位体制

---

① 王利平、葛建华:《合法性视角下的国有企业组织制度变迁》,《管理学报》2009 年第 4 期。

到现代企业制度的转型。社会主义市场经济的深入发展使人的身份经历了从"单位人"向"社会人"的转变,这也使得现代企业组织承载的部分功能发生了变化,企业组织的政治统治功能逐步被剥离,企业组织逐步分离出一些社会功能,承担着一部分社会化管理职能。如企业组织对职工进行教育和管理,维系员工的身份认同、情感归属和行为习惯,对企业退休人员进行社会化管理等。

其五,企业在社会主义生态文明建设中发挥着重要作用。企业作为社会生产的主体,其生存和发展都离不开自然界,其运作也必然与自然环境发生联系,社会主义生态文明建设离不开企业的积极参与和共建。企业可以通过提升生产理念、改造生产技术、优化生产流程、改变传统发展模式等减少资源的浪费及环境的污染,成为社会主义生态文明建设的承担者,也可以通过培育员工环保意识、营造绿色组织文化、提供绿色产品等,成为社会主义生态文明建设的推动者。可以说,企业在社会主义生态文明建设中担当着重要的角色,承担着主要的生态责任,解决当今社会发展出现的生态危机需要企业发挥在生态文明建设中的积极作用。

由此可见,适应社会和谐发展的要求,建设和谐组织是企业发展的必然趋势。所谓和谐组织,是指拥有远见而清晰的组织目标;组织内部构成合理、各部门分工明确、协调运转;管理机制运行顺畅;具有较强的应变能力,能够快速地促使自身发生适应环境的变化,能够很好地满足组织成员的各种利益需求的组织。企业应积极促使自身向和谐组织转变,充分发挥促进社会和谐发展的作用。

一要确立以人为本的企业组织发展目标。通常情况下,企业组织的目标是多样化的,并分为不同的层次和等级,但人的自由全面发展应是企业组织发展的根本目标。企业在选择和确立自己的发展目标时,要既能够符合企业的长远发展,又能够符合企业员工的切身利益,将企业的发展目标与员工的全面发展目标融为一体。要充分尊重人的社会价值和个性价值,把提升企业员工的素质、改善员工的工作环境、满足员工的发展愿望、增强员工的创造活力,从而实现员工的自由、幸福作为企业组织发展的最高目标,企业组织要为成员的成功和承担责任方面提供很好的平台。只有在实现人的自由全面发展这一根本目标下,企业的具体目标才富有价值。

二要推进企业组织内部结构的创新。企业组织内部结构的创新能够进一步提高企业组织的整体效益,要不断革新组织结构,也就是企业要促使自身为了适应内外部环境发生积极的转变,对其组成要素进行调整和创新,以更好地体现社会和谐发展的要求。

三要协调好企业组织内部的利益关系。企业组织内部的利益关系是影响企业组织内部和谐的重要因素。协调好企业组织内部的利益关系也是实现社会公平的重要依托。实现企业组织成员对生存和发展条件的愿望,满足企业组织成员的利益诉求,构建和谐稳定的劳动关系,落实职工三项权利:即职工对企业运营中的重大事项知情权;对有关劳动关系重大事项的协商权;对企业履行集体合同情况等的监督权。

四要建设和谐的企业文化。和谐的企业文化本身就是和谐文化的具体化。和谐文化融思想观念、价值取向、理想信念、行为规范、社会风尚为一体,是对和谐社会的总的评价和认知。要使和谐成为组织的核心价值观,促使和谐文化成为企业的主流文化。

五要处理好自身发展与自然环境的关系。以尊重自然、顺应自然、保护自然为理念,以和谐为目标处理好企业自身发展与自然环境之间的关系,既是企业生存之道,也是企业发展的必然要求。企业应积极构建符合生态文明建设要求的企业生产体系和管理体系,承担更多的生态责任。

总之,适应社会和谐发展的需要,发挥企业组织的作用,即发挥企业在社会和谐发展中的积极作用,实现企业组织和社会和谐发展良性互动、共促共进。

第四章　社会和谐发展中企业社会责任的必然性及其构成

　　自 20 世纪下半叶以来,一种新理念即企业社会责任在西方企业管理界悄然兴起。在 20 世纪 90 年代中期,全球掀起了"企业社会责任运动",企业社会责任理念广为社会共识。1978 年改革开放后,这一理念进入中国后,逐步向现实层面转换。但反观现实,游乐场安全事件、矿难事故、危险化学品爆炸事件、沉船事件、食品安全事件等等,无不直指企业社会责任。企业作为公民,大众对他的呼声是:企业——你要有良知,要守法!你不要危害人居环境,不要危害生态环境,不要危害公众的人身和财产安全,等等。与此同时,政府、社会乃至企业界也认识到,企业不是追逐利润的机器,企业必须顾及他与员工、环境、社区、合作伙伴的关系,企业必须关注生产安全、产品安全等问题。企业履行社会责任是企业自身生存发展的需要,也是社会和谐发展的需要。

第一节　社会和谐发展中的企业社会责任的必然性

　　"社会和谐是中国特色社会主义的本质属性",①构建社会主义和谐

---

　　①　中共中央文献研究室编:《十六大以来重要文献选编》(下),中央文献出版社 2008 年版,第 648 页。

社会,是中国共产党不懈奋斗的目标,是贯穿中国特色社会主义事业全过程的长期历史任务,也是新时期全面建设小康社会的重大现实课题。促进社会和谐,是全社会的共同责任,也是企业的责任。企业作为法人单位,是社会重要经济组织,具有民事行为能力,其行为和价值理念要符合法律规范、道德规范以及社会发展要求。企业作为社会重要经济组织,在追求经济效益的同时,应履行社会责任,这是社会和谐发展的内在要求。

第一,企业社会责任是影响社会和谐发展的重要因素。一个社会能否和谐发展,以及社会和谐的具体程度如何,是多种因素影响和作用的结果。企业与社会的内在关联性决定企业社会责任是社会和谐发展的重要影响性因素,社会和谐发展内在地要求企业履行社会责任。社会和谐是具体的,体现在多维度、多层面上:民主法治、公平正义、诚信友爱、充满活力、安定有序、人与自然的和谐是构建社会主义和谐社会的总体要求和具体表现;人与人、人与社会之间社会关系的和谐、人与自然的和谐及其所体现的社会繁荣稳定和可持续发展是社会和谐的一般概括,是社会和谐发展的重要体现。

企业作为以赢利为目的的社会重要经济组织,赋有经济属性,追求经济效益是企业的根本目的所在。同时,企业除了具有经济属性外,还具有社会属性:一是企业是社会中的企业,受国家政策法律乃至社会道德的约束;二是企业的经营管理总是立足于社会需求,企业的产品和服务只有外化为社会产品时,才能实现其赢利目标;三是社会赋予企业发展机遇,为企业提供必要的生存与发展环境,只有在社会中,企业才能实现其经营目标。所以,从企业与社会内在关联的角度看,企业的社会性决定他天然地赋有社会责任。既然企业赋有应然的社会责任,因此,如果企业不能很好地履行社会责任,那么他将制造出种种社会不和谐因素,有碍社会繁荣稳定及可持续发展,不利于社会和谐发展。

同时,企业作为社会重要经济组织,作为法人单位,作为"企业公民",其经营管理活动凝结着不同维度的人与人之间的社会关系,凝结着人与自然的关系,其经营活动影响着企业内部关系、企业与企业的关系、企业与社会的关系、企业与生态环境的关系,等等。具体地说,企业经营活动导出企业与政府、劳资之间、股东之间、企业与环境、企业与消费者等众多的企业内外部关系,而这些关系的和谐是社会和谐的重要体现。所以,构造企业经营活动所导出的种种社会关系的和谐,并以此促进社会和谐发展,内在地要求企业履行社会责任。

社会和谐发展,要求企业履行涉及企业内部的社会责任,即构造企业内部劳资之间、股东之间等利益主体的和谐。社会和谐发展,还要求企业履行涉及企业外部的社会责任,即企业对政府、社区、消费者、自然环境的责任。企业能否履行社会责任及其履行社会责任的程度,成为社会整体上能否和谐发展的重要因素和力量。因此,企业社会责任在构建社会主义和谐社会,促进社会和谐发展中发挥重要作用。

第二,化解新时期我国发展中面临的矛盾和问题,减少社会不和谐因素,促进社会和谐,不仅要从宏观上谋划,还要切实地从具体实践入手,其中需要从增强企业社会责任的具体实践入手。党的十六届六中全会通过的《中共中央关于构建社会主义和谐社会若干重大问题的决定》指出:"广泛开展和谐创建活动,形成人人促进和谐的局面。着眼于增强公民、企业、各种组织的社会责任。"[1]显然,促进社会和谐,内在地要求企业履行社会责任。促进社会和谐,不仅要发展社会事业,完善社会管理,增强社会活力,走共同富裕道路,还要从"大社会"着眼,"把和谐社会建设落实到包括经济建设、政治建设、文化建设、社会建设和党的建设等在内的党和国家全部工作之中。"[2]企业履行社会责任,是这些工作中的重要

---

[1]　中共中央文献研究室编:《十六大以来重要文献选编》(下),中央文献出版社 2008 年版,第 662 页。

[2]　中共中央文献研究室编:《十六大以来重要文献选编》(下),中央文献出版社 2008 年版,第 675 页。

内容。

着眼于增强企业社会责任的具体实践,促进社会和谐,是由全面建设小康社会新时期的国际国内形势决定的。当前,在国际上,世界多极化、经济全球化的趋势深入发展,科技技术日新月异,国际环境复杂多变,综合国力的竞争日益激烈,我国仍将"长期面对发达国家在经济科技等方面占优势的压力"①。就国内而言,我国改革发展已进入关键时期,经济体制、社会结构、利益格局的深刻变革既给我国发展带来巨大活力,又带来种种问题和矛盾,主要是:人口资源环境压力大;就业、社会保障、教育、医疗、安全生产、住房等群众切身利益问题比较突出;一些社会成员缺少诚信、道德失范等等。这些问题和矛盾有碍社会和谐发展,属于社会不和谐因素。企业是就业、社会保障、安全生产、资源环境优化等社会和谐因素构建者,是社会不和谐因素减少的重要主体,是化解社会矛盾、增量社会和谐因素的重要力量。2008 年汶川抗震救灾和三鹿奶粉事件从正反两方面透视出企业社会责任对社会和谐发展的重要性。当前,市场上流通的劣质产品、环境恶化、劳工权益受损等等已引发了社会不和谐因素,有碍社会和谐发展,而这与企业社会责任缺位有关。在全面建设小康社会新时期,凸显了以企业社会责任促进社会和谐发展的重要性和迫切性。

第二节　社会和谐发展中企业社会责任的构成

社会是多维的,各种社会关系互为交织。社会和谐发展关联着多维的社会关系以及多种社会因素。所以,影响社会和谐发展的企业社会责任不是单一的,其内容极为丰富。可以说,从不同的角度,企业社会责任构成及分布上有所不同,下面基于社会和谐发展的角度,对企业社会责任

① 中共中央文献研究室编:《十六大以来重要文献选编》(下),中央文献出版社 2008 年版,第 649 页。

的构成和分布,做进一步的分析。

第一,企业社会责任构成的维度。随着 2015 年长江客轮沉船事件以及天津危险化学品爆炸事件给人民生命和财产安全带来的极大危害,企业再度成为人们的聚焦点:企业应怎样追逐利润? 企业如何赢得员工和民众的信任? 企业该如何对待社区、社会等问题,为人们所思量。

首先,关于企业社会责任的构成,理论界的观点并非完全一致。大多数研究者所认同的是:企业的社会责任包括经济上的、法律上的、道德伦理上的、环境上的社会责任。一些学者将企业责任和企业社会责任等同,即将所有的企业经营管理责任等同于社会责任,这使企业社会责任的边界模糊化。有的研究者则以企业的责任管理为核心,将企业社会责任分为社会责任、市场责任、环境责任和责任管理"四位一体",其中社会责任的对象是对企业员工的责任、对政府的责任以及社区参与;市场责任主要是企业对股东、客户、合作伙伴的责任;环境责任主要是企业在节能减排、环境管理方面的责任;责任管理主要体现在企业管理中的守法守规、责任沟通、责任治理和推进上。

本书认为,不能将企业所有经营管理责任纳入企业社会责任范畴,即不能将企业社会责任泛化,否则会使企业倍感压力,在社会责任面前无所适从。同时,也不能将企业社会责任概而论之,企业社会责任是分层的,有主次之分,也有边界。

其次,法律和道德伦理意义上的企业社会责任是企业社会责任的两个基本维度。按照传统的观点,人们习惯于将企业社会责任划分为经济的、法律的、道德的、慈善的、环境的等若干领域的社会责任。事实上,这些领域的企业社会责任有重复的问题,例如,多项经济领域的企业社会责任是由法律规定的,由此经济领域的企业社会责任与法律维度的企业社会责任交叉重复,同时企业环境领域的社会责任与法律维度的企业社会责任也交叉重复。此外,企业道德意义上的社会责任与慈善捐助方面的社会责任很难划清界限。本书认为,法律和道德伦理意义上的企业社会责任是企业社会责任的两个基本维度。

法律维度上的企业社会责任是企业应承担的硬性责任,不可规避,否则实属企业违法经营。法律维度上的企业社会责任包括的内容多、范围广,企业和普通公民一样,都是具有民事行为能力的主体。作为经济发展中的经营主体,企业的行为必须在法律法规的限量内,守法是企业履行社会责任的重要体现。我国《公司法》、《劳动法》、《民法》等多个法律法规对企业应承担的社会责任做出明确规定,具体而言,主要有:一是法律法规规定的企业给予企业内部员工的责任;二是法律法规规定的企业给予政府的责任;三是法律法规规定的企业给予股东和合作伙伴的责任;四是法律法规规定的企业给予所在社区的责任;五是法律法规规定的企业给予生态环境的责任;六是法律法规规定的企业给予客户和消费者的责任;等等。

我们必须承认,企业社会责任中的大多数属于法律领域的,对于许多经济层面的企业社会责任,法律法规都有明确规定,例如,企业纳税、员工的最低工资、员工的带薪休假等法律都有明确的规定。企业环保责任法律法规也有明确的规定,我国的《水污染防治法》、《水法》、《环境保护法》、《大气污染防治法》等都对企业有明确的要求,否则企业将承担相应的法律责任。

道德层面上的企业社会责任是企业应承担的柔性责任,企业可有选择性的承担。对企业而言,法律上的社会责任是"硬约束",道德层面的社会责任是"软约束"。同时,对企业而言,法律上的企业社会责任是基本的,道德层面的企业社会责任是辅助的。从道德和法律两个维度较好履行社会责任的企业,是优秀的履行社会责任的企业;仅仅从法律维度较好履行社会责任的企业,是合格的履行社会责任的企业。一个企业可以没有或者很少有社会捐赠,但不可以向社会提供伪劣商品,不可以发生重大生产安全事故等等。同样,一个企业可以很少参与社区救助活动,但不可以危害所在社区的人居环境。

可是,在实际中,一些企业热衷于"社会形象",较为关注道德层面的"社会公益捐助"责任。在以"您所任职的单位是否有过公益捐赠行为?"为题的问卷调查中,对48位公众进行的问卷中,有45人选择"有",占被调查者的93.7%。有3人选择"没有",占被调查者的6.3%。

表4-1　公众所任职的单位是否有过公益捐赠行为的数据统计

问卷选项	有	没　有
统计人数	45	3

本书认为,企业应更多地关注法律责任及其所内含的经济责任、环境责任。在很好履行这些责任的基础上,再更多关注企业的其他社会责任。

第二,法律维度的企业社会责任。企业的法律责任是法律法规明确规定的,并以国家强制力为其履行的应有的责任。对企业来说,法律上的社会责任是一种"硬约束",是保证社会有序所必需的。民主法治是社会主义基本特征和优越性所在,也是和谐社会建设的基本要求。加强企业社会责任建设,是在民主法治基础上加强企业自律和社会共同管理的必要补充。只有企业履行法律责任,做到依法足额及时纳税、合法经营保证产品的安全可靠、保证员工的合法权益、执行国家安全生产标准等,才有利于社会和谐发展。

在现代市场经济中,税收的缴纳已不可避免,依法纳税是企业的一项基本法定义务,也是企业基本的社会责任之一。政府和企业都是社会中的一分子,各自承担着相应的使命和社会责任。企业通过合法经营,依法纳税来承担起社会责任。因此,企业只有依法足额及时纳税,才能担负起增加税收和国家发展的使命。

企业应当依法保障产品的安全可靠,促进消费和谐,这是企业应履行的一项重要的法定社会责任。对消费者而言,企业最基本的责任是向消费者提供质量合格的产品。如果企业向消费者提供了劣质产品,不仅不能满足消费者的需求,而且可能给消费者带来人身伤害和财产损失,这有悖于企业法律上的社会责任。所以,企业要依法经营,处理好与各种利益相关者的关系。只有公平竞争,才能实现优胜劣汰,提高资源配置效率,促进经济健康协调发展。如果企业都以制售假冒伪劣商品、窃取商业秘密、侵犯知识产权等不正当竞争手段来追求自身的生存发展,就会丧失公平的竞争和发展环境,给社会和谐带来阻力。有调查显示:中国企业每年因为信用缺失而导致的直接和间接经济损失高达人民币 6000 亿元左右,国民生产总值每年因此至少减少两个百分点。构建和谐企业,必须坚持依法治企、依法经营,加强商务诚信、社会诚信建设,弘扬法治精神,增强诚信意识,真正做到诚信经营。随着经济全球化的发展,消费中心主义(consumerism)空前膨胀,消费者强烈要求产品供应链上的每个参与生产的企业都必须保证消费者的权益,并对不符合要求的产品和权益发起一系列的问责运动。具体讲,企业在追逐利润的同时,也要关注消费者权益,杜绝假冒伪劣产品和坑蒙拐骗行为,树立良好的企业形象、提升核心竞争力,减少社会矛盾,维护社会稳定。

企业应当保证员工的合法权益,关注劳动关系的和谐。劳动关系是否和谐,是现代社会是否和谐的风向标,劳动关系的和谐稳定是社会和谐的基础与前提。当前我国正处于既充满机遇又面临各种风险的全面深化改革的关键期,构建社会主义和谐社会显得极为重要,但劳动关系紧张及其所引发的问题与构建社会主义和谐社会的要求,形成很大反差。一段时间以来,我国劳动争议案件和因劳动纠纷引发的群体性事件呈不断上升的趋势:1996 年为 48121 件、1997 年为 71524 件、1998 年为 93649 件、1999 年为 120191 件、2000 年为 135206 件、2001 年为 154621 件、2002 年为 184116 件、2003 年为 226391 件、2004 年为 260471 件,2005 年达到 313773 件,比 2004 年增加 5.3 万件,增幅达 20.5%,涉及劳动者 74.4 万人;2008 年更骤增至 693465 件,涉及劳动者 121.4 万余人。由此可见,劳动关系是否和谐,已经成为影响社会稳定及社会和谐发展的重要问题。在此情况下,企业应当推行人本管理,具体地说,企业要尊重员工的诉求,规范劳动合同,明确工资标准和工时,努力改善工作环境,关注员工的健康及生命安全,做到按时足额发放工资。企业还要主动制定和执行符合安全生产要求的内部规章制度,从而增进员工对企业的忠诚感和归属感,调动积极性,消除不和谐因素。

第三,经济上的企业社会责任。企业赋有多项社会责任,其中经济上的社会责任,是企业的基本社会责任。如何理解和看待经济责任之于企业社会责任的重要地位呢? 同时,经济上的企业社会责任又有怎样的内容表征呢?

首先,企业本身是一个经济组织的,经济责任是企业的本有责任、应然责任、基本责任。在以"假如您是企业的普通员工,您最希望企业从哪方面予以保障?"为题的问卷调查中,对 530 位企业职工进行的问卷中,有 410 人选择"提高待遇",占被调查者的 77.4%。有 49 人选择"保障权益",占被调查者的 9.2%。有 50 人选择"安排住宿",占被调查者的 9.4%。有 21 人选择"提供培训",占被调查者的 4.0%。

表 4-2　企业职工对企业社会责任基本内容认知的数据统计

问卷选项	提高待遇	保障权益	安排住宿	提供培训
统计人数	410	49	50	21

从表 4-2 可知,"提高待遇"、"保障权益"是企业应承担的经济责任,对企业员工来说,向员工承担经济责任,是企业责任的基本内容。

企业作为市场主体,政策和法律赋予它自主经营的种种权利,同时也规定了其应承担一定的经济责任。财富、利益、经济价值、生产效率、产品及质量等同属于经济范畴,企业的经济责任与这些范畴密切相关。具体而言,经济上的企业社会责任应包括两个层面:一是面向社会公众的社会责任,企业有责任通过自身的生产经营,向社会提供合格或者高质量的产品和服务,创造和增量社会财富。二是面向企业内部员工和利益相关者的社会责任,企业不仅要通过生产经营做强做大自身,而且要增加企业内部员工和利益相关者的利益。企业在履行经济上的社会责任的同时,还应推进科技创新、提高生产效率和提升产品质量。

其次,企业自身的生产经营,向社会提供合格或者高质量的产品和服务,创造和增量社会财富,这是提高企业竞争力的关键,也是社会和谐发展的要求。无论从企业发展的角度,还是从社会和谐发展的视角,企业都不能规避经济责任。企业很好地履行经济责任,带来的是企业自身竞争力和社会和谐发展的双赢。

企业履行好经济责任,坚持发展就业并举,处理好企业发展与扩大就业的关系,为社会提供相应的就业岗位,从而增量社会和谐因素。改革开放以来,我国经济持续高速增长,经济总量已跃居世界前列,但是近年来就业的增长却明显慢于经济增长,出现了高经济增长与低就业共存的现象。这一现象由诸多原因形成,企业增强社会责任意识,处理好企业发展与保持就业稳定、扩大就业机会的关系,是重要的措施。企业注重发展劳动密集型产业,注重灵活就业,在发展经济中扩大就业、在扩大就业中推动经济发展,实现发展经济与扩大就业的良性互动。

企业要适应变化的市场竞争环境,必须有一支充满朝气的员工队伍,从而保持企业的活力。企业活力是企业竞争力的核心,员工队伍的稳定是企业竞争力的基础,两者相互依存、缺一不可。因此,企业应当在通过依法规范劳动用工,积极推进劳动合同制度,建立稳定的劳动关系,在保持稳定的劳动关系的前提下,加强绩效考核,处理好企业活力与员工队伍稳定的关系。通过采用先进的科学技术以及有效的培训等措施提高劳动生产率、降低生产成本是企业增强竞争力的重要手段,在实现产业升级、提高劳动生产率的条件下扩大就业,是当前面临的重要任务,这就要求企业提高劳动生产率,通过提高劳动效率促进社会分工细化,为中小企业发展提供新的空间,创造更多的就业机会,缓解就业的压力。① 促使每个有劳动能力和就业愿望的公民都能获得平等的就业机会,劳动参与率较高、失业率较低,不论性别、年龄、户籍,每个劳动者都有机会平等地参加劳动。

　　只有不断推进科技创新,社会才能和谐。技术创新则是企业产品推陈出新,在同行业处于领先地位。技术是企业发展的"硬件",没有技术企业就难以发展。市场经济条件下企业只有拥有高新技术,才能在激烈的市场竞争中取得主动。技术创新的最新目的是项目的产业化和市场化,是从市场中获得利润从而收回投资并体现项目的价值。企业要承担社会责任,通常面临着相互矛盾的要求,一方面要不断增加社会责任的支出,另一方面又不能提高产品价格,甚至被迫降低价格以争取顾客,以战胜竞争对手。所以,企业要满足这一要求的唯一办法就是不断地提高自己的创新能力。企业的创新能力是指企业不断开发和吸取新思路、新技术、新工艺的能力。如果企业确立了社会责任策略,就会促使企业不断地改进生产工艺,开发新的生产技术,提高管理水平,寻找新的原材料或供应商,以生产出质量好、成本低,或者是安全的、绿色环保的产品。所以承担社会责任可促使企业创新。企业创新又可以不断地增强企业的经济效益和经济实力,使企业在保护员工权益、保护环境、促进社会和谐发展等方面更好地尽到自己的社会责任。

---

① 谭泓:《劳动关系:社会和谐发展的风向标》,人民出版社 2011 年版,第 156 页。

面对激烈的市场竞争,一些企业由于在资金、技术、管理等方面存在不足,使得在竞争中举步维艰或淘汰出局,其员工也不幸被降薪甚至免职。大量待岗、下岗职工或失业工人的存在,会对社会的和谐构成严重威胁。

中国政府理应为企业提供公平、规范、和谐的生存和发展环境,引导其提高生产效率和产品质量。同时,应进一步明确:企业是技术创新的主体,创新要素尤其是科技力量要向企业集聚,承担重大科技专项任务的科研院所的技术研发,要为企业实现创新成果的工程化、产业化和市场化服务,要提高国有资本经营预算中技术创新的比重。要求企业要重视、支持、强调创新,使员工的创造才能得到充分发挥,使组织的活力充分体现。只有企业拥有活力,社会才会充满活力。充满活力的社会是和谐的社会。

第四,道德意义上的企业社会责任。人无德不立,企业作为经营主体,没有文化修养,缺少应有的美德,难以立足求生。道德伦理意义上的企业社会责任是企业自主自愿承担的社会责任。主体的自愿性、非强制性、"软约束性"等是道德意义上的企业社会责任的集中体现。法律法规的明确规定较少,企业能够履行道德伦理意义上的企业社会责任,往往是社会鼓励、舆论、规劝的结果。道德伦理意义上的企业社会责任展现的是"企业的良心",它存在于社会道德意识中,并通过人们的言行与道德评价展现出来。

在社会主义市场经济条件下,企业履行道德层面上的企业社会责任,是指企业活动应当符合诚实守信、平等交易、社会捐赠等道德规范,努力成为"企业公民"。诚信作为中华民族优良传统美德的重要内容,是企业的立足之本。具体地说,企业将诚信外化为生产和服务等经营环节中:向消费者提供品质优、价格实的产品,按时足额纳税,向员工按时足额发放薪金,向合作伙伴公布真实的经营实况,等等,是社会和谐的信用基础。为消除严重的收入分配差距,减少社会的不稳定因素,先富起来的企业和个人应该践行友爱,为弱势群体主动捐赠,与他们共享社会文明进步的成果。

　　社会互帮互助、全体人民平等友爱、融洽相处、诚实守信,是从道德层面对社会主义和谐社会所做的一个科学概括。人与社会的关系状态,人与自然的关系状态,最终都是由人与人之间的关系所决定。道德作为人与人的关系的一个极为重要、极为有力的调节器,是人自身发展趋向和谐不可或缺的组成部分。在现实中,一些企业家在经过一定的财富积累之后,都已经有了回报社会的想法。社会捐赠、救助等慈善事业已经成为一些企业承担社会责任,回报社会的途径。中国企业家不单纯追求利润,同时主动承担社会责任,热心社会公益事业,这是中国企业和企业家的理性选择,是社会和谐发展的一个新表征。

　　第五,环境层面的企业社会责任。生态环境是人类赖以生存发展的自然条件,人类同整个大自然存在着一种伦理关系,企业应该对整个自然环境承担生态责任。正如美国科罗拉多州立大学的杰出哲学教授、世界著名伦理学专家霍尔姆斯·罗尔斯顿(Holmes Rolston)所说:"如果人类以损害整个生态系统为代价来维护其集体利益,而不顾其他的利益相关者,那么整个人类的事业是不道德的。我们需要一种内容更丰富的道德评价体系来协调人类与自然系统及经济与生态系统之间的关系。"

　　企业应该义不容辞地考虑到环境卫生和整个自然生态问题,如果企业只顾及自己的利益,无视自然,不尊重自然环境,那么自然很可能同样地"反馈"于社会、企业和个人。在以"您所在社区面临的最大环境问题是什么?"为题的问卷调查中,对750位公众进行的问卷中,有520人选择"空气污染",占被调查者的69.3%。有137人选择"水污染",占被调查者的18.3%。有93人选择"其他污染",占被调查者的12.4%。

表 4-3　城市公民对所在社区面临的最大环境问题的数据统计

问卷选项	水污染	空气污染	其他污染
统计人数	137	520	93

　　从表 4-3 可知,城市公民普遍认为,当前的空气污染问题较为严峻,其次是饮用水的安全问题。中国是一个人口密度较大、人均资源紧缺的国家,也是一个自然环境受到工业污染伤害较大的国家。近年来,我国经济快速发展,同时面临环境恶化、资源短缺等问题的严峻挑战。环境污染事件呈上升趋势,2005 年全国发生突发性污染事件 76 起,2006 年上升到161 起。2014 年兰州发生严重的自来水污染事件,2014 年全国多个城市遭遇雾霾围城。有关专家预测,未来 10 年,我国工业化和城市化进程进一步加快,经济总量将翻两番,按现在的资源消耗和污染处理水平,环境污染负荷将增加 4 到 5 倍。而国际上的"中国环境威胁论"对我国造成的环境外交、绿色贸易壁垒的压力将会持续加大,从而对我国企业的可持续发展及其参与国际竞争,带来很大的影响。

　　构建社会主义和谐社会,促进社会和谐发展,要求企业履行相应的环境责任:一是企业必须遵守环境保护方面的法律法规,履行环境保护的法定义务。二是企业还必须自觉地节约资源,有意识地、主动地保护环境。

第五章　以社会和谐发展引领企业承担社会责任的主要路径

　　在过去的一个多世纪里,企业的竞争力从单纯的产品竞争到技术竞争,再到人才竞争,其竞争力越来越向纵深、向核心层延伸。目前,越是在市场经济发达的国家里,企业社会责任的担当程度越来越成为企业竞争的关键节点。在我国,由于市场经济起步较晚,企业成为市场主体的时间也相对较短,因而企业社会责任担当的状况也尤为不理解。以 2008 年我国百强企业为样本分析,我国企业的社会责任整体处于"起步"阶段,企业的社会责任平均分仅为 31.7 分。① 因而,当下我国企业社会责任问题已经成为企业界、学术界乃至全社会所普遍关注的问题,已纳入新一届政府"社会和谐发展"的管理体系。如何引领企业承担社会责任,在企业界形成担当社会责任的意识、习惯和风尚,无疑对社会和谐发展具有重要的现实意义。

　　社会责任是一个复杂的综合体,企业社会责任是其中最为复杂的要素,因为企业社会责任直接与多种利益相关联,牵一发而动全身,在社会和谐发展的大视阈中,企业社会责任更是如此。

　　所谓社会和谐发展视阈中的企业社会责任管理,就是要将企业社会

---

① 宋雪莲:《社科院报告显示:中国企业社会责任整体刚"起步"》,《中国经济周刊》2009年 10 月 26 日。

责任管理纳入道德、法律、经济和生态等全部社会管理视野,使其融入社会主义和谐社会建设体系之中。具体而言,就是要以民主法治推动和规制企业履行法律领域的社会责任,以公平正义引导和协调企业履行经济领域的社会责任,以诚信友爱指引和促进企业履行道德领域的社会责任,以环保意识倡导和匡正企业履行生态领域的社会责任。将企业社会责任融入社会主义和谐社会建设中,在宏观策略上,首要的和主要的应当是引领企业主动地、自觉地履行社会责任。同时,在企业缺失或推脱社会责任的时候,也要有规制和匡正的策略。而在管理科学上,后者则更为重要,是我们研究的重点。

第一节　法律领域社会责任的引领

法律领域社会责任的引领,具体而言,就是以民主法治推动和规制企业履行法律领域的社会责任。社会主义和谐社会是一个民主法治的社会,这是中国人民基于历史实践而对未来的共同愿景。我们所共识的民主法治,就企业而言,无论是企业内部,还是企业外部,民主法治意识要成为企业文化的一部分,依法维护和保障权利成为解决企业内外问题的基本方法之一。企业不但要遵法、守法、用法,还要正确、积极地面对法律的监督和处罚;社会不但要引导、推动企业遵法、守法、用法,更要制定一系列具有可操作性的良法,使企业社会责任的担当义务明确、责任得当、适法合理、违法必究。

第一,企业社会责任担当在法治方面存在的问题。企业在法律领域承担的社会责任,自然应当以法律、法规为依据。自 20 世纪 20 年代以来,世界各国越来越认识到,一方面,企业是以营利为目的的社会产物,追求股东利润最大化是其产生和存在的前提。另一方面,企业又不能仅仅以为股东赢利为唯一目的,因为企业盈利是一个超级大系统各种要素相互关联的运转过程。这一系统中的关联要素不但包括股东、雇员、合作者、消费者,甚至包括竞争者、社会弱者的利益和整个社会的公共利益。因此,企业的战略性赢利应当以系统中所有关联者利益的最大化为考量,也就是说,企业内在上具有维护和促进社会利益的责任。企业营利的底线是不能损害或危及他人和社会利益,否则,企业将面临法律、法规的处罚。后者说明,企业承担社会责任有法可依、有一系列科学严谨的法律法规来明确其规范和后果,是企业社会责任管理起步阶段最为重要的问题。

目前,有关我国企业社会责任的法律体系已建立起初步架构,颁布了以《公司法》为主,以《税法》、《合同法》、《公益事业捐赠法》、《企业所得税暂行条例》、《合伙企业法》等为辅的一系列法律。如,我国《公司法》第五条规定:"公司从事经营活动,必须遵守法律、行政法规,遵守社会公德、商业道德,诚实守信,接受政府和社会公众的监督,承担社会责任。"企业社会责任担当有了总的法律依据,但在适法意识和操作层面上还存在诸多问题。

首先,旧体制下责任观陈旧落后,不适应新体制的问题。在过去相当长的计划经济体制下,"企业办社会"成为一种常态,而市场经济体制是"社会办企业",两种体制下企业社会责任的内容及观念是截然不同的。在计划经济体制下,企业行为的目的是完成国家指令性计划,企业是相对封闭或独立的存在,其行为的受益者是企业职工及其家属;而在市场经济体制下,企业行为的目的是公司的战略,即公司的长远发展和前途,企业存在于开放的、纠结的社会关系中,其行为的受益者为公司的利益相关者,而不只是公司本身。这种不同,不是凭空产生或人为设计,而是市场经济的性质决定的,具有一定的客观性。市场经济的开放性、合作竞争性、利益相关性、商品细分化和产业链条化等特质,在实践中促使和决定了市场主体的这种"伟大"与"宽宏"。也就是说,市场经济内在地要求,任何一个企业都要兼顾利益相关者的利益,担当起自己应当承担的社会责任,否则自己也无法长久生存。

在市场经济特别是全球化时代的市场经济条件下,由于每个企业都处于环环相扣的利益链中,因而所谓蝴蝶效应已不是什么宣传上的噱头,而是策略上的运筹条件。我国市场经济由于运行时间不长,体制建设还不完善,加之观念本身的滞后性,致使企业在担当社会责任的法治意识上,尚存在着较严重的落后性、消极性和被动性。同时,在问题的另一端上,也存在着将不符合企业性质的"社会职能"混同企业社会责任的问题,如企业包办职工终身的问题。企业和社会双赢发展是一个极为复杂的问题,需要一个漫长的过程,而观念的解放与更新则是一个前提性的问题。

其次,法律、法规和法律主体的问题。在法律体系上,我国早已明确企业应当承担社会责任,但尚处于一般的、总则性的规定阶段。其法律的具体规定尚比较分散、零星,且缺少系统性和连贯性。这就致使企业社会责任担当,在法律领域更多地停留在纸面上和随意中,缺少实践层面上的可操作性和强制实施性。另外,政企不分又造成监督主体的困难,专门有效的社会监督乏善可陈。

企业在法律领域承担社会责任,在法律法规方面还存在着责任层次不明甚至不分的问题。如大中小企业实力悬殊,国资与民资企业也差别甚巨,但在社会担责方面没有明确的区别性规定。我国目前的企业规模以中小型居多,而中小型公司更具有追求短期利益的冲动,面对自己的眼前利益和社会的资源环境等长远利益的考验,单靠自律实难主动牺牲自己的利益而保全其他利益相关人的权益。同时,这些中小企业更受制于基层政府、地方群众的影响,由此而承受额外的负担。因此,企业承担社会责任的范围到底有多大? 不同规模的企业其社会担责要不要有一个较为明确的区分? 企业又如何对抗地方政府和群众以社会责任的合理名义强加的不合理负担? 诸如此类,这方面有大量细致的工作,需要我们在实际调研、实证、反馈，在此基础上商榷一个合理的模式，并以法律、法规的形式规定之。

在涉及环保和公众利益问题方面，目前我国法律在诉讼主体上还存在着严重的自限。如，环保组织有强烈的社会责任感和维护社会公共利益的能力和条件，但遗憾的是2014年以前他们没有诉讼主体的法律资格，欣喜的是2015年始，新的环保法终于通过修改法律，解决了这一主观的自限。

再次，对企业履行社会责任监管不力问题。企业制销劣质商品、污染环境等有违社会责任的现象，是市场经济下难免发生的，关键要看这类事件的频度、程度、深度以及企业的态度和适法的力度。近年来，我国企业在社会担责方面浮现出太多负面事件，动辄波及全国，特别是在人命关天的食品药品和生态环境方面。如三鹿奶粉的"三聚氰胺"事件，齐齐哈尔制药二厂的"欣弗"注射液事件，"金华火腿"添加"敌敌畏"事件，"苏丹红"辣椒酱和"咸鸭蛋"事件，"光明"回收奶事件，触目惊心的"地沟油"事件，南京小龙虾致肌溶解事件，还有富士康跳楼事件，王家岭矿难、招远矿难、平顶山矿难、鸡西矿难、通化矿难……太多太多企业为贪一时之利，导致自己破产，行业失信，社会震惊。

类似恶性事件频频发生，一则反映了企业负责人良心、良知问题，二则凸显了监管疲软和长期失控的问题。就企业本身而言，希望少承担甚至不愿承担社会责任是其赢利本性所在，原无可厚非。但明知致人死亡也要挣黑心钱，甚至成为行业潜规则，这就大大突破了社会大众的心理承受底线。就社会管理而言，企业社会责任担当在底线层面上大面积坍塌，监管者难辞其咎。以法律责任的视角观之，行政和司法监管双重疲软是企业社会责任"积贫积弱"的重要原因。

从人的本性上看，市场经济条件下，企业的良心受到了更多的拷问，如果没有制度规制，单凭良心维系，其结果注定是岌岌可危的。试简单分析下面的链条:企业高管—企业团队—债权人—企业社区—社会公共利益。很明显,从左到右,是一个不断放大的系统、不断松散的关系;而从右到左,则是一个不断缩小的范围、不断收紧的关系。在利润分配的流向和比例上,下游多则上游少,而利润分配的决定权完全掌握在高管手中。如果没有责任自律和法律规制,则自企业高管起就可能出现逐级置企业及相关利益于不顾,片面追求小集团私利的现象。如,企业的管理者通过增薪或减持等手段侵害股东的权益,或接受恶意收购、营造亲情采购等侵害企业和员工的利益。从理论上,这是一种"人性本恶"的分析模式,但恰恰在实践中大量存在,不能不引人深思。没有良心、良知不行,单靠良心良知也不行,制度存在的意义就在于遏制人性的恶根而弘扬人性的光辉。

总之,从法律的视角看企业社会责任担当的不足,在观念上、法律法规上和行政与司法的监管力度上等都存在严重的问题,需要在社会整体建设中重视并率先解决。

第二,企业社会责任担当的法律引领对策。在民主法治建设中,企业应该如何自觉承担社会责任,社会应该如何引领企业承担社会责任,这是社会主义和谐社会建设的重要问题。就企业自身而言,企业内部要加强法治建设、增强自律意识,如健全、细化和落实职工代表大会职责等;而就社会管理而言,社会推动和引领企业更好地承担社会责任,是目前解决问题的主要方面。

首先,要建立和强化企业履行社会责任的法律激励机制。这里的法律激励机制主要指以税法为主的有经济杠杆作用的法规及政策。目前,切实修改税法,不仅是发挥税收的经济杠杆作用,也是在拓展税收激励企业承担社会责任的功能。2010年《企业所得税法》修订以前,不履行社会责任的企业因成本降低而利润提高;履行社会责任的企业因增加成本而利润反被摊薄。这种"淘汰良民"的现象极大地扼杀了企业履行社会责任的积极性。而这是用法律手段可以规避的,2010年3月16日通过的新《企业所得税法》从法律规范上解决了这一问题。该法第二十七条规定，企业从事符合条件的环境保护、节能节水项目的所得，可以减征、免征企业所得税。第三十三条又规定，企业利用资源，生产符合国家政策规定的产品所取得的收入，可以在计算应纳税所得额时减计收入。第三十四条规定，企业购置用于环境保护、节能节水、安全生产等专用设备的投资额，可以按一定比例实行税额抵免。第九条规定，企业发生的公益性捐赠支出，在年度利润总额 12% 以内的部分，准予在计算应纳税所得额时扣除。新法一经公布即赢得了社会大众和企业的人心。可以预见，类似法律法规条款及时出台、切实执行，势必激励企业向上向善，在社会氛围上凸显正气、正义。当然，法律对触法者也要加大打击力度。后者不是说运动式的严打，而是要制定具体的细则，施行常态的惩戒，做到任何违法行为在受到惩戒时都要有法可依，任何有法可依的、应该惩戒的违法行为都不能被姑息、免责。

借用税收等杠杆性优惠条款，既不违背企业追求利润最大化的本性，也不伤害企业的市场竞争力，同时又能引导企业兼顾社会整体利益，是科学可行的立法抉择，类似立法可以在社会领域对企业形成激励机制，起到积极的正面引导作用。

其次，完善企业履行社会责任的法律监督机制。这里的法律监督机制主要指法律监督的主体及层级、责权、力度等。近年来我国环境污染、食品安全等事件频发，其原因是多维的。其中，环保法不完善、不健全的因素也难辞其咎。仅以环保案件为例，其诉讼主体资格障碍已成为环境监管失控的重要原因。2015 年前，我国环保法对诉讼主体的规定，适用的是普通民法的惯例，没有充分考虑环保案件的公益性，致使该类案件的诉讼主体过于狭窄，这就在法律资格上排除了有社会责任感的"不相关"人员维护环境的权利。同时，对国家环保职能部门的监督失职或渎职，也存在惩戒不明、力度不够的现象；对污染环境的企业更存在地方保护主义的倾向。2015年实施的新环保法在付出诸多社会代价之后，终于在理论上较好地解决了这一问题，当然还需实践上执法的力度。

因此，在类似问题上赋予相关社会团体以诉讼主体资格，从诉讼权上支持公益诉讼，扩大公益监督主体，明确行政和司法监督主体的权责，甚至试行有偿社会监督等，是从法律视角或法律领域引领企业承担社会责任的有益尝试。

再次，建立方便快捷、公平合理的劳动关系协调机制。企业社会责任良性生长的基础和内因是企业劳资双方和谐健康的关系。企业劳资双方既有利益一致、双赢的一面，又有利益冲突、消涨的一面。二者关系协调与否，法律的规定性及方便性、合理性是其根本原因，也是协调、解决问题的最终依据，因此，建立方便快捷、公平合理的劳动关系协调机制，是以法律视角引领企业承担社会责任的前提和基础。劳动法是保障和协调劳资双方关系的基本法律，因此，修改和完善劳动法，贯彻和执行劳动法，不仅在法律体系方面具有现实意义，而且在引领企业承担社会责任的方面具有基础性和前提性作用。目前我国劳动法几经修改，已相对较为完善，因而坚决贯彻执行劳动法是当下重点。社会和企业只有从认识上高度重视并严格按照劳动法妥善处理好劳动关系，才能由此开启劳、资、社会等多方的利益链。因此，社会和企业都要将劳动法的宣传贯彻纳入民主法治建设之中，企业自身要达到应有的认识高度，社会各方也要高度重视，继续整合政府主管部门与工会和企业之间的联动，加快建立劳动关系第三方协调机制，尽快形成方便快捷、公平合理的劳动关系协调体系。

最后，建立健全企业信息披露制度和隐瞒篡报的立法处置。市场经济条件下，基于人性本恶的制度假设，有必要建立及时、完全、真实的信息披露制度和隐瞒、篡改企业信息的立法打击。这是社会以法律制度规制企业为自利而损他利的最有力举措，是法律引领企业承担社会责任的硬性渠道。目前我国这方面的法律空白很多。如，企业信息披露的主体，我国法律目前仅局限于证券法中的上市公司。非上市公司和一般企业要不要建立健全企业信息披露制度,要不要立法处置隐瞒篡报企业信息的不良行为?如何监督管理企业信息披露情况?如何确保利害关系人的知情权?企业信息如何既方便查阅又不危及企业商业秘密?

毋庸置疑,任何企业与利害关系人之间,只要存在信息不对称情形,为保护利害关系人的利益,就有必要建立健全企业信息披露制度。也就是说,完全可以肯定,有必要以法律的形式扩大企业信息披露主体的范围,上市公司、非上市公司或者一般企业,在信息披露主体方面没有必要区分处理,而对各类企业要披露的信息范围、内容等要不要区分、如何区分是可以商榷的。如在细节上,非上市公司的财务报表、重大事项变动等信息,要不要登记备案,如何既方便相关利害关系人查询,又无损企业的商业秘密?而对涉及环保等有关公共利益的信息,对涉及员工福利或员工参与公司治理等劳保状况,显然,所有企业都应该受专门职能部门的监督管理。

总之,在我国,这方面的立法在法律引领企业社会责任方面是较为前沿的课题。在这方面,立法意识和法治观念较法律内容更为紧要。

第二节 经济领域社会责任的引领

经济领域社会责任的引领,具体而言,就是以公平正义引导和协调企业履行经济领域的社会责任。社会主义和谐社会归根结底是公平正义的社会,公平正义就企业而言,就是引领企业承担经济领域的社会责任,在更大的视阈、更高的视角追求社会的公平和正义。现代企业在经济领域承担社会责任,只有从公平正义的角度,才能深度解读。如何以社会的公平正义引导和协调企业履行经济领域的社会责任,从而以企业的发展实现更高水平的公平正义,这是社会主义和谐社会建设和企业社会责任的双重课题。

第一,企业是社会实现公平正义的重要载体。随着我国社会主义市场经济体制的建立和完善,经济伦理问题即经济领域的道德问题日益成为人们关心的焦点,"道德资本"作为这一时代的新命题引起了学界的热切研究和讨论。从经济角度看,企业发展与社会和谐的关系极为密切,企业社会责任内含着公平正义理念。从历史的大视野看,企业发展的历史就是社会不断地实现更高水平公平正义的历史。

首先,企业的财富创造功能始终是社会实现公平正义的物质前提和基础。构建社会主义和谐社会,促进社会和谐发展,前提条件就是社会财富和国家财力的不断增长。企业是社会生产经营的基本单位、市场经济的基本主体,是社会财富的主要创造者。没有企业,社会的公平正义也就成了镜花水月。我们曾经有过贫穷之上的"公平正义"的惨痛教训,更深知财富之于公平正义的含义。现代企业能为社会和谐发展创造更多的物质财富,这些企业是现代商业社会的中坚力量,是社会经济的重要支柱,是社会公益事业和国民经济发展的重要力量。国内的深广、江浙一带的社会福利、养老保险等之所以走在全国前列,就是仰仗其企业率先发展、经济实力走在全国前列之故。

其次,企业的人力资源吸纳功能是社会就业和稳定的根本渠道,是实现社会公平正义的主要载体。就业在我们这个人口众多的发展中大国,其实质也是稳定问题。在我国,企业是为数众多的人赖以生存和安居乐业的基本载体,企业使劳动者得以工作,有收入保障,这是最起码的公平正义。企业还可以通过改善劳动条件、完善劳动保护、提高劳动待遇等措施,实现较高水平的公平正义。现代企业在经济全球化、科技高端化条件下,还可以通过企业扩张培养和吸纳更多的高级人才,从而促成企业更快地良性循环,更多地吸纳就业和更好地改善待遇。因而,从另一角度看,随着和谐社会的发展,企业人力资源的素质也会大幅度地提高,这将为现代企业发展提供充足、有效的劳动力,最终促进企业的发展,从而形成企业发展与社会公平正义及社会和谐的良性循环。

再次,企业的城市化功能是实现大视阈公平正义的基本手段。城乡差距和区域差距,是我们这样的大国社会发展不公平的主要方面,农村城市化是缩小城乡差别的重要出路,企业在解决这一问题上有着不可或缺的作用。20世纪80年代,乡镇企业异军突起,而后支撑农村经济在我国历史上第一次实现了大幅度提高。后来,一些乡镇企业不但走出乡镇、走向城市,还尝试走出国门,提高企业生产经营的现代化水平,有的甚至发展为全国百强企业乃至世界500强企业。这些企业的发展,不仅在经济上缩小了城乡差别,而且在文化、精神层面引领和提升了农村发展。

区域差距在我国历史和现实中都十分严重,缩小区域差距的根本方法当然只能是经济发展,只能是在全国采取统筹规划的方法。东部、沿海、沿江等发达地区企业发展了,再采取支援、扩张、连锁等方法转移到内地,带动内地企业发展,形成全域经济发展的良性循环,从而达到社会相对公平。可见,企业在实现更高层面的公平正义方面起着基础性的作用。

最后,企业是体现社会公平正义思想的组织载体。企业是工业文明的产物,其自身的内部环境逐渐形成了分工、合作、协调发展的模式。现代企业在招聘员工时,公道正派、顾全大局、团队意识等个性品质一向是重要的用人标准;在员工绩效考核、奖惩升迁时,也以公正的制度至少明确的事前规则为标准,绩效评估时一般不但要看工作的结果,还要看工作的过程。公道公正,影响员工的职业发展前景,也是企业吸引人才和留住人才的保证,同时也涵养了无数职工的公平正义观。

对企业的外部环境而言,从某种意义上说,企业的发展就是对外部环境的适应和影响。企业的外部环境包括宏观经济环境、市场、产业和生态环境等,企业对外部环境的积极适应,就是守法经营,满足政府对其提出的合理的经营要求;公平竞争,采取正当手段经营。企业要获得可持续发展,必须树立一个公道正派的形象,并以公平正义的理念和行动游刃于各种环境之中。一个强大的公平正义的企业对社会的公平正义也具有强大的影响力。

第二,企业社会责任担当在经济领域的社会引领对策。社会引导和协调企业履行经济领域的社会责任,是社会公平正义的需要,是社会和谐发展的标志,也是和谐社会建设和企业社会责任管理的双重难题。解决这一难题的思路,总的来说,要认同和树立现代的、市场化的公平正义理念,兼顾企业发展和社会公平两点论,在二者的交叉点上寻找共赢的方法。就社会引导作用而言,观念更新是一方面,制度协助又是一方面,具体地说:

首先,要宣传和协助企业从战略角度思考企业社会责任,形成战略型企业社会责任定位。在企业与社会二者关系中,传统理念下企业承担社会责任,就是牺牲企业小利而顾全社会大局,这对大多数企业来说在一般情况下是极不情愿的,因此而降低企业效益对这些企业来说也是不公平的。现代的、市场化的公平正义观,就企业社会责任来说,是指兼顾企业和社会多方利益的战略型企业社会责任,具体地说,担当社会责任,对企业而言不是单纯做自我牺牲,也不能规避社会责任,而是要推出社会效益和企业效益双赢的积极举措,即在企业价值链和社会责任范畴两条线上寻找交叉点,或者说,在企业到社会和社会到企业两个维度中,寻找蕴含其价值创造的机会。

如 2005 年,美国高通公司、中国联通公司和国际慈善组织沛丰中国的合作案例,这三家公司联手在中国西部农村启动了 CDMA 技术扶助计划项目,旨在为接受沛丰中国小额信贷的农民家庭及工作人员提供 CDMA 移动通信支持,帮助农民在生产经营活动中利用 CDMA 手机的短信和语音功能。这是一个典型的企业和社会双赢的案例,高通在担当社会责任的同时,让更多的农村市场"发现"了无线通信的必要性,激发了农民对无线通信的市场渴求。2007年,高通在保罗某应用基金项目上,又设计了在医疗保健、教育、公共安全、公共管理和环境五大领域开发最具创新性的公共服务系统。高通所选择的五大领域与企业应承担的社会责任十分密切,皆置于自己的价值链上,因而随着五大领域技术的开发,无疑也都将扩展CDMA技术对公众的影响。

由此可见,所谓战略型企业社会责任,就是在选择具体社会责任的担当上,率先考虑项目与企业核心技术的关联度,其社会责任的目标指向紧紧围绕企业的核心竞争力,符合企业的战略意图,使企业社会责任成为企业可持续发展的一部分。

其次,要宣传和协助企业换位思考企业的社会责任,形成科学的企业社会责任定位。所谓市场经济管理角度下的企业社会责任定位,就是要在企业的价值链中,找出社会现存问题与企业的交叉点,以实现在承担社会责任的同时也有利于企业的价值创造,即所谓的双赢。

企业与社会是相互依赖的,企业价值链上的所有活动都会带来或积极或消极的社会影响。包括企业招聘、员工奖惩、废物处理……甚至企业选址、商品命名或译名译音等等,都会造成意想不到的社会影响。同时,社会条件也给企业施以或好或坏的影响。社会环境是企业竞争的重要因素。当地的人力资源、交通条件、公共设施、竞争规则、投资政策、法治状况、市场需求、经济体制、商业服务配套性等等,无论是竞争环境的哪一个方面,都可能影响到企业的战略、决策,也都蕴含着企业社会责任的契机。

因此,在社企关系互动、双赢的理念下,科学的企业社会责任定位,就是企业面对非法定的社会责任要针对性地解决问题,设计与自己核心竞争力相关或经营战略一致的责任表达形式。因为没有哪个企业可以解决所有的社会问题,企业理应选取与自己的业务有交叉点的社会问题来承担社会责任,这是一种可以理解的成本意识。对于整个社会来讲,所有的社会问题都会有更有优势的解决企业或组织机构。同时,企业选择社会担责的标准,主要的也不应是崇高性、意义性或新闻性,而应该是看能否有机会创造出社企的共享价值或者说双赢价值。科学的企业社会责任定位,在技术上还应该首先分类分析社会问题,然后制订出清晰明确的企业社会责任担当计划,最后在设计严整的社会责任项目上,企业也要舍得投入相当比例的资源和注意力。

再次,支持、协助大中型企业设立自己的企业社会责任管理部门。社会应设立专门、独立、国际化的企业社会责任管理评估机构,有条件、有影响力的大中型企业也应自设社会责任管理部门。

目前,国际上社会责任的承担模式主要有两种。第一种是董事会决策模式,就是在董事会设立专门委员会负责;第二种是经理决策模式,就是董事会把企业社会责任授权给CEO负责。两种模式各有所长,在2005年《财富》杂志评选的十佳"企业社会责任"公司中,有四家公司采用第一种模式,六家公司采用第二种模式。有鉴于此,我国目前要抓紧设立专门的、独立的、国际化的企业社会责任管理评估机构,并协助企业尽快自设企业社会责任管理部门。

设立专门的、独立的、国际化的企业社会责任管理评估机构,一方面,可以防止政府以行政命令干预企业社会担责,使企业社会负担不堪重负,从而对企业不公;另一方面,独立的企业社会责任管理评估机构具有第三方的性质,拥有更高的可信度和相对客观性,从而体现对社会和企业双方的公平;又一方面,国际化的企业社会责任管理评估机构,与国际接轨,对企业承担社会责任的意识是一个高水准的推动,同时也有利于促进我国企业拥有良好的国际形象,有利于对外贸易的展开。

企业自设企业社会责任管理部门,在企业形象和担责技术上都是十分必要的。如前所述,企业社会责任的承担涉及企业的发展战略,需要科学的定位,不但要着眼于社会责任,而且要找到能够产生社会和企业双赢的契机点;不但要雪中送炭、救灾减灾,而且要找到改善社会环境的积极方法,进而强化企业的发展战略;不但要为企业形象着想,而且要考虑到企业的资源、战略和利益相关者的要求。这些蕴含真正公平正义理念的企业社会责任定位和设计,需要专门的管理部门和技术人员来研究,至于模式上是由高管层专职、兼职还是参与,则可视企业的规模、经营战略由企业自主决定。

最后,发挥相关社会团体的监督作用,给企业利益相关者公平表达创造方便快捷的渠道。企业社会责任的养成和担当需要全社会的支持与关注。其中,环保组织、消费者协会、工会等社会团体对企业社会担责的监督、协调劳动关系和维护社会公利起着不可替代的作用。这些社会团体的发育与发展程度,是一个社会文明程度或成熟进化的重要体现。目前我国在市场经济条件下,随着政府职能的转变,更迫切需要工会等群众组织发挥其第三方的协调作用和联系党政群的桥梁纽带作用。就企业社会担责方面而言,在企业社会责任的初始化阶段,起重要作用的往往是作为社会一般成员的消费者、投资者和大众传媒的力量。消费者、劳动者、投资者的团体活动,主观上在为自身争取利益的同时,客观上也促进了相应的立法或价值观的形成,甚至是一种生活方式的养成。因此,社会团体在培育企业社会责任感方面是不容忽视的力量。同时,此类社会团体也是企业利益相关者公平表达的快捷渠道,支持并培育此类社会团体,是企业利益相关者的需要,也是企业长远发展和社会公平正义的需要。

在现代的公平正义观下,企业履行社会责任应当是社企共享共赢行为,企业社会担责与企业经济绩效应当呈正相关效应,从而为社会和谐发展、实现更高层次的公平正义创造更多的物质基础。公平正义的和谐社会又会为企业承担社会责任提供更加良好的环境条件和观念支持,从而促进社企互动在新的更高层次上形成良性循环。

第三节　道德领域社会责任的引领

道德领域社会责任的引领,具体而言,就是以诚信文化牵引和促使企业履行道德领域的社会责任。诚信友爱对企业而言,"主要包括平等交易、诚实守信等基本内容……诚实守信是中华民族的传统美德,也是企业道德责任中最重要的内容。"①可以说,诚信是至为重要的"道德资本",是一切道德的基础,是企业的"无形资产",也是企业文化的基本内容。在某种意义上,也可以称其为企业的"底线伦理"。诚信既是社会和谐发展的道德追求,也是企业的道德资本,理论上二者浑然一体,在理想状态下,二者良性循环、互相促进。但事实上,由于现实的错综复杂,这种理想的良性循环不会自发地实现,需要下大力气促成。

第一,我国企业诚信缺失的表现。从总体上看,我国企业在道德领域里缺失社会责任的现象非常凸出。诚信缺失的危害已经蔓延至全社会,从企业视角看主要表现如下:

首先,企业内部缺乏诚信,蛀蚀了企业文化的内核。企业内部缺乏诚信的表现信手拈来,如拖欠员工工资,员工工资低于社会最低工资标准,随意延长劳动时间,不参加社会保险或拖欠社会保险费,不签劳动合同,证书造假等等。企业内部缺乏诚信的结果,导致员工对企业缺乏认同感和凝聚力。

以诚信为基点的道德是企业文化的灵魂。企业文化的这一道德性,在企业发展过程中又具有资本性,这理应是企业文化建设的动因和核心点,但遗憾的是,当前我国企业文化建设大多滞留在宣传上或纸面上,其内容又大多止于企业外在形象上,在企业发展战略中的实际地位多处于

---

① 刘德佳、赵连章:《论构建和谐社会进程中的企业社会责任》,《科学社会主义》2010年第2期。

边缘地带,有的企业为追求眼前经济利益甚至根本没有企业伦理文化建设。由诚信缺失开始,企业注定会迷失方向,以致沦为"挣钱的机器",此时对企业论及自觉承担社会责任,简直就是奢谈。

企业缺乏道德支撑,会使企业失去长期发展的内在动力,这也是我国企业特别是中小企业普遍短命的重要原因。

其次,企业与利益相关者交往缺乏诚信,不但提高了交易成本,而且致使信用危机从个别企业蔓延到全社会。"诚信"是经济交往的基本行为准则和"帝王条款",也是社会经济主体生存与发展最重要的道德资本。而目前我国企业交往缺乏诚信的表现也信手拈来,如商品假冒伪劣、甚至药品造假,合同履约率低,合同欺诈,乘人之危,企业之间相互拖欠货款,抽逃资金,转移资产,广告虚假失真等等。这对消费者、合作者、竞争者等利害关系人造成了相当广泛、恶劣的影响。企业失信行为在根基上破坏和消解了诚信文化,致使利益相关者各方的交易费用越来越高,更致使信用危机从个别企业蔓延到了全社会。

再次,企业对社会缺乏诚信,漠视或规避社会责任,从而从整体上降低了社会责任的水准。企业偷税漏税、两本账、小金库、做假账、生产和服务产品质量低、国有企业资产流失、诈捐等等,是企业对社会缺乏诚信的表现。从简单列举中即可看出,企业触及法律和政策的行为居多且严重,也就是说,企业法定的社会责任或者说底线责任即问题频出,说明企业由诚信引起的道德危机已相当严重。

承担社会责任是现代企业的标志和义务,是企业和社会双赢的行为。但遗憾的是我国近年尽管舆论大力倡导、推崇"道德资本",但由于种种原因,更多的企业还是无法契合企业利润最大化与社会责任,割裂的结果是造成了诸多触目惊心的"人祸","企业道德资本"、"企业社会责任"也因而引起全社会广泛关注。

在企业发展史上,企业的确曾经历过纯粹挣钱阶段,而后发展为追求规模阶段,时至今日,一些企业已发展到"企业公民"阶段。同时,我国相当部分企业仍停留在第一阶段,一部分企业进入第二阶段,只有极少数企业社会担当良好。其表现就是相当多的企业为了眼前利益而将企业道德建设等无形资本置于次要的地位,甚至有的企业根本就没有什么文化建设,已堕落为"黑色"、"灰色"企业。企业对社会缺乏诚信,自然就想法规避社会责任,也自然无法奢谈高端的社会责任,从而在整体上降低了我国社会责任的水准。

第二,影响企业诚信的观念障碍。目前,在我国社会道德领域不利于企业笃行诚信的因素有很多,而在观念上或者说根源上主要有以下两点:

首先,道德绝对化、神圣化的传统观念,有碍企业生成现代的以诚信为基础的企业社会责任意识。基于传统观念,我们已习惯于从"应然"出发,把"道德"绝对化、神圣化,认为讲道德的人不能有任何功利动机和意图,否则就是伪善,就是假道德。近年来,网上网下追问企业慈善捐款动机的人络绎不绝,讥讽作秀、揭露其广告效应的也大有人在。这是传统道德观念在市场经济条件下的不适。以这种思维范式反观前述"企业社会责任的定位观",肯定会遭到"不合道统"之类的大批判。在市场经济条件下,道德是目的还是手段,在理论上的确引人争议,但在实践上被广泛认可的,是看行动、看结果而不是苦苦追问动机。这种思维范式上的悄然变化说明,道德在现实生活中实际上已经被广泛地当作了手段,但是人们在感情上还是不能堂而皇之地接受。将"道德"绝对化、神圣化的传统观念,不利于企业生成现代的以诚信为基础的企业社会责任意识,在"绝对崇高"观念的架空下,社会责任对企业来说,或成洪水猛兽避之唯恐不及;或成仙山琼阁近之又恐无力。绝对化、神圣化的道德,犹如不食人间烟火的仙人,在人间的不只是存活堪忧的问题,还有存活率的问题。目前我国企业社会担责率较低即有此因。实际上,道德主要的的确应该是目的,但在市场经济条件下,也的确应该允许其以手段的形式存在。道德一经产生就是具体的,是具体环境下的人们应该遵循的行为规则。市场经济就是我们目前具体的道德环境,在这种具体的道德环境下,"不耻言利"、视金钱为"阿堵物"的封建社会余观是反社会的观念;"守法谋利"、"诚信谋利"是光荣的,甚至只要"不违法谋利"都是可取的。这就要求我们在观念上首先要突破将"道德"绝对化、神圣化的传统,还道德以具体的、人间的本来面目。

其次,利益与道德绝不兼容的传统文化,有碍企业形成市场经济条件下正确的社会责任观。在儒家文化的长期浸染下,我国社会对道德与利益的关系至今仍存在较大的偏差。义(道德)与利之不可兼得,百千倍甚于"鱼与熊掌"、"生与义",几乎是君子与小人的分水岭或检验标准,所谓"君子喻于义,小人喻于利"是也。这便形成了今天的"经济人"与"道德人"分裂的问题。在利益与道德不能共存的传统思维模式下,企业不会自觉生成"道德资本等于无形资产"的概念,相反还会陷入"利益"与"责任"非此即彼的困境。

在社会主义市场经济条件下,以营利为目的的企业面对多种社会责任,解决或者说平衡这一难题的前提只能是重构义利观,树立以公德、诚信为基础,取信于人心,立足于社会的现代企业价值观。事实证明,利益与道德可以兼容,也必须兼容。在现代社会,在市场经济条件下,企业的所有行为都和社会影响与企业利益相关联,不应该也不可能被分开。企业注重道德性因素不仅不会减少自身收益,长远看还会增加企业的效益。道德资本的产出可能有时间性问题,但不存在有和无的情况;可能有直接间接问题,但不存在"零影响"或"亏本"情况。事实上,利益与道德的良性互动给企业带来的往往是意想不到的收益。"从社会生产力发展的动力机制来看,伦理道德建设是经济发展的驱动力……只有具备崇高的道德精神和正确价值取向的人,才有可能以饱满的热情投入到社会主义经济中去,没有进取精神,缺乏道德觉悟,人的行为的着眼点就只能是基本生存需求,其行为的指向性就必然是短视的和短期的,人就会对工作和事业缺乏感情和兴趣,也就谈不上推动经济发展……我们可以得出结论,道德是生产力,而且是'动力'生产力"。①

此外,在企业失信的诸多因素中,企业内部组织管理不善,企业外部监督、制约机制不利等都是重要因素。如,员工基本法律知识、维权意识太弱;工会等社团组织力量太小;企业内部监督和制约机制太差;企业违法违规行为受到的处罚太低,而履行社会责任的激励太少;政绩考核机制中,地方政府与企业之间利益关系太密切,导致政府对企业社会责任监督太难,等等。

第三,企业社会责任担当在道德领域的引领对策。上述在观念上、自律性上和管理上的多维因素表明,我国企业社会责任在道德领域的缺失是相当严重的,缺失的原因也是深层次的。当然,解决问题的对策也需要在这些维度上做文章。

首先,要从根源上转变观念,塑造义利统一的企业社会责任观和"有灵魂"的企业文化。观念指导行动并决定行动。转变义利观是引导企业承担道德领域社会责任的首要问题。转变义利观,就是要转向市场经济条件下以人为本的企业发展观,树立现代的、战略性的、义利统一的企业社会责任观。"有灵魂"的企业文化,就是有道德感的企业文化,也就是将社会责任作为企业战略发展重要组成部分的企业文化,将职业道德培训作为企业人力资源管理的重要内容,将企业社会责任与企业发展战略相关联,将企业回报社会与企业形象相关联。深刻认识割裂企业利益与社会利益的危害,深刻分析单纯追求企业利益最大化对自身和社会的双重危害,时刻以三鹿奶粉事件警醒自己。只有从观念上真正认识到问题的所在和解决问题的价值,才能在行动上实效性地解决问题。

---

① 王小锡:《中国经济伦理学》,中国商业出版社 1994 年版,第 130 页。

为此,要特别强调提升企业高层的责任观和道德素养,塑造"有道德"、"讲诚信"的企业文化。企业高层的道德能力和责任观念,对企业及其员工具有决定性的影响,对企业文化的内容、灵魂有着更强的掌控力。因此,企业高管不仅要具有一定的管理知识和管理能力,更应具有高素质的道德能力和高格局的责任观念。提升企业高层的道德素养和责任观,是塑造"有灵魂"的企业文化的前提;而塑造"有灵魂"的企业文化则是市场经济条件下以诚信文化牵引和促使企业履行道德领域社会责任的前提。

塑造有社会责任感的企业文化,就是塑造企业的灵魂。企业的灵魂是以企业的产品为载体结晶出的一种精神。深析"微软"的世界威望,更多的是源于"微软"的技术,还是"盖茨"的慈善事业?"盖茨"的慈善无缰如同"松下"的"产业报国"精神,李宁的"大爱",海尔的"真诚到永远"一样,凝结成了"有灵魂"的企业文化的典范,进而成为各自企业最为宝贵的无形资产。"有灵魂"的现代企业文化是"以人为本"、充分彰显人的尊严和制度伦理性的企业文化,是义与利完美统一的企业文化。

其次,加强企业内外诚信机制建设,启蒙和打造"共赢"的企业新思维。企业普遍高水准地履行社会责任,不仅需要正确的社会责任理念,更需要一个有利的宏观环境和自身环境。为此,国家要完善法律环境、政府要完善政策环境、社会要完善激励机制、新闻媒体要完善导向环境、第三方中介组织要完善促进环境。企业自身更要加强以诚信为基点的道德自律建设。总之,要多维度、合力促进企业履行社会责任。关键是引导企业正确处理与利益相关者的关系,打造共享、共赢的企业新思维。因为现代企业的边界已不再仅仅是所有者的企业,而是所有利益相关者的企业。没有利益相关者,企业也就无从存在。有专业研究者统计,影响和促使企业履行社会责任的主要利益相关者就有股东、雇员、顾客、分销商、同行业其他企业、政府、供应商、贷款人、压力集团、债权人、企业所在社区、监管者、环保组织、科研教育机构、行业协会、特殊利益集团(残疾人、妇女儿童等)。① 可见,企业是在与利益相关者的关系中求得存在及意义的。目前,我国企业对这种共生共赢的关系认识还不够深刻,因此,政府、学界、有关协会都有宣传和启蒙的责任,以企业为突破口、打造企业与各利益相关者共享、共赢的企业新思维。

再次,加强和改进政府在推进企业社会责任中的主导作用。在政企职能不分或职责不明的情况下,让政府真正起到监督企业的作用,不仅理论上不合逻辑,实践上更行不通。改革开放后,政企分开是体制改革的重点之一,从监督和推进企业担当社会责任的角度,政企分开更兼具特别意义。因为只有这样,政府才能以社会公众利益代表和社会公共管理者的身份,建立规范企业社会责任的法律、法规约束体系,担当起推进企业社会责任的监督作用和主导作用。为此,一要规范政府和企业的关系,真正各司其职。二要政府致力于建立健全良好的企业社会责任制度环境和相关机制。如,建立并完善教育培训机制,为改善企业伦理道德环境提供智力支持;建立相应的激励—惩罚机制,对社会责任突出的企业给予奖励,对那些无视社会道德链而走险的企业给予严罚。三要支持组织行业协会以及相关非营利性社会组织或第三方监督组织,发挥多渠道力量为企业化解道德风险。

最后,要尽快实行企业社会责任分级管理。企业如何承担社会责任是一个复杂的科学问题。在道德领域里,企业在不同的发展阶段所承担的社会责任不尽相同;不同规模的企业所承担的社会责任也不应一样。目前我国企业大多未设立专门的社会责任管理机构,未建立社会责任报告制度,没有把企业社会责任作为企业的一项专门工作来对待,社会也未设立权威的第三方社会责任认证机构或评估机构,行业同样也没有统一

---

① 王德胜、辛杰:《和谐视角下基于利益相关者的企业社会责任研究》,《软科学研究》2010年第2期。

的评估标准。在这种情况下,要促使企业积极主动地承担社会责任,就要区分不同类型、不同性质、不同规模的企业以及企业的不同发展阶段分别对待,在社会暂无权威的第三方认证机构的时候,实行企业社会责任分级管理要先由政府主导,俟后交由独立的第三方权威机构。在道德领域特别强调企业社会责任分级管理,其原因有二:一是道德境界本来就是有层次的,这种层次不但与道德动机有关,更与道德能力有关。后者是计划经济下传统思维经常忽略的。二是一般道德责任的承担本来就不该"一视同仁"。如,法定社会责任需法律来强制,大多数底线层次的义务也需法律来强制;而非法定社会责任或选择性社会责任,如慈善捐款等就无需法律来强制,企业可凭良心、战略、能力等综合考量自主决定。因此,企业所承担的道德伦理上的社会责任不能仅凭道德结果来评价,而应分级考量。

总之,"完善意义上的经济是理性经济或道德经济"。[①] 构建道德经济就是引导企业积极承担道德领域的社会责任,在当下,就是要构建以诚信文化为核心,政府主导、企业给力、全社会形成合力的企业社会责任管理体系。

第四节　环境领域社会责任的引领

环境领域社会责任的引领,具体而言,就是以环保意识倡导和匡正企业履行生态领域的社会责任。社会和谐发展的目标是实现人与人、人与社会、人与自然的和谐,企业承担社会责任的目的是实现企业自身的发展以及经济社会进步,所以,实现企业、社会、自然的共生存共发展是企业与社会发展的共同战略。企业的生态责任,是人类文明和工业文明不断进步的标志,是企业发展的世界性问题。从生态环境的角度看,企业的社会

---

① 王小锡:《经济的德性》,人民出版社 2002 年版,第 28 页。

责任可分为环境责任、资源责任、质量责任和道义责任等,社会上也广义地统称为环境责任,"企业的环境责任就是要求企业保护环境,减少浪费,降低消耗,开发绿色产品,实现自身的可持续增长,实现企业与自然的和谐相处。"[1]随着经济全球化的迅猛推进,整个世界在获得巨大生存财富的同时,也带来严峻的生态危机。三废污染、气候变异、土地荒漠化、臭氧层破坏、资源短缺、生物多样性锐减等不断威胁着人类的生存环境。中国在经济不断发展的同时,也越来越严峻地遇到了生态环境问题。"三高一低"(高投入、高污染、高消耗、低效率)的经济增长方式越来越受到资源环境的制约和有识之士的质疑,经济与社会、人与资源环境之间的矛盾日益恶化。因此,实现人与自然和谐发展是当前政府管理的当务之急,也是企业发展与社会和谐发展的紧迫问题,或者说是社会主义和谐社会建设的焦点问题。

第一,企业生态环保方面的不良表现。实现人与自然和谐发展的关键,是实现企业与自然的和谐发展。因为企业是人类消耗自然资源的主要方式。目前,我国企业在理论上已经形成环保共识,但在实践中还没能很好地承担环保责任。

首先,能耗、物耗高,资源利用率低。我国经济快速增长在很大程度上是靠大量消耗物质资源实现的,单位产出的能耗和物耗的水平与世界先进水平相差巨大。如,火电供电煤耗比国际先进水平高22.5%,大中型钢铁企业吨钢可比能耗高21%,水泥综合能耗高45%,乙烯综合能耗高31%;机动车百公里油耗比欧洲高25%,比日本高20%,比美国高10%;货车百吨公里油耗比国际先进水平高1倍以上;单位建筑面积采暖能耗相当于气候条件相近的发达国家的2—3倍。[2] 从能源利用率上看,目前我

---

① 刘德佳、赵连章:《论构建和谐社会进程中的企业社会责任》,《科学社会主义》2010年第2期。

② 参见 chttp://www.iydp.gov.cn/htm/2004/1094095221.html。

国的能源利用率为 33%,工业用水重复使用率为 55%,矿产资源总回收率为 30%,分别比国外先进水平低 10 个、25 个和 20 个百分点。[①] 从 GDP 与能耗比上看,据 2002 年世界银行报告显示,我国每创造 1 美元产值所消耗的能源是美国的 4.3 倍、德国和法国的 7.7 倍、日本的 11.5 倍,我国经济增长的成本高于世界平均水平 25% 以上,2006 年我国 GDP 比重占世界 55%,却消耗了全球 15% 的能源、30% 的钢铁和 54% 的水泥。[②] 总的来说,能耗、物耗高,资源利用率低成为中国企业环境责任的首要问题和当下中国经济发展的一个瓶颈。

其次,环境污染加剧,生态破坏严重。环境污染是指有害物质对生态系统所造成的干扰和损害现象。

随着经济的迅猛发展,企业从财富的最大创造者,渐变为自然环境的最大破坏者和对环境产生污染的祸首。特别是中小企业的迅速发展更加剧了对环境的污染。废气、废水、固体废弃物、噪声、辐射、海洋等污染,带来的是酸雨、癌症、中毒、畸形……污染几乎占据了社会高频词汇之首。目前,单位 GDP 产生的废水量,我国企业较发达国家高出 4 倍;单位工业产值产生的固体废弃物较发达国家高出 10 倍。大气污染又衍生出温室效应、酸雨和臭氧层破坏,已经危及人类自己的基本生存。以沙尘暴为例,据中国气象局公告,仅 2010 年 4 月 17 日席卷北京的沙尘暴,即夜降浮尘 30 万吨,人均 20 公斤。又以酸雨为例,目前我国已有 21 个省市发现酸雨,长江以南酸雨已是比较普遍的问题,酸雨使土壤、湖泊、河流水质酸化,不仅严重损害了农业和生活,也已严重损害了古建筑等文化设施,损失难以估量。

再次,环境污染突发事故既"频"又"重",已经危及人类健康。近年

---

① 《中国企业保护环境责任分析研究》,2009 年 9 月 18 日,见 http://www.china.com.cn/news。

② 林毅夫:《宏观调控乏力缘于改革不到位》,《中国经营报》2007 年 8 月 16 日。

来,不仅环境污染现象普遍,由环境污染造成的突发事故也越来越频繁且严重。据国家环保部门统计,仅 2007 年一年我国突发的环境事故就有 462 起,其中水污染 178 次,大气污染 134 次,海洋污染 4 次,固体废弃物污染 58 次。① 2007 年全国沿海船舶污染事故 107 起,50 吨以上重大溢油事故 5 起,总溢油量 748—898 吨;化学品泄漏事故 3 起,总泄漏量 42 吨。② 2010 年 1 月 6 日,中石油一条输油管道投产不到六小时就发生重大泄漏,此后,这一年仅 1—7 月份,环境保护部处置的突发环境事件就有 119 起,比去年同期增长 35.2%。③ 其中,"紫金矿业重大污染事件"、"大连新港输油管道爆炸事件"震惊全国乃至周边国家。

严重的环境污染,已经直接和间接地危害到人类自身的健康。来自医院方面的数据显示,目前,癌症尤其是肺癌已成为我国城市居民死亡的首位原因。而癌症与环境特别是大气污染关系最为密切。从我国的肺癌高发区来看,这些地方大多工业发展较早、程度较高、大气污染较重。数据还显示,大城市高于小城市,分别占癌症死亡的 27.1% 和 22.1%,且近年呈明显上升趋势,环境污染的后果已触目惊心。

第二,企业生态环保社会责任较差的原因。原因是多方面的,逐利、短视、冷漠等德性方面的因素是当前的主要内因,技术创新以及技术产业化不足是深层以及未来的重要制约因素,调控缺位、监管不力、法律缺失等社会因素则是主要的外部原因。当前,需要特别关注的是:

首先,企业、政府和社会环境责任意识多重缺失,即企业过分追逐经济指标,政府过分追求 GDP,社会过分追捧企业的经济贡献。在企业的发展史上,企业率先亮相时,其经济性的形象占据了绝大部分比例,并且成为显性成分,其社会性的一面在企业发展前期的确未被重视。但随着

① 中国环境保护部:《2007 年全国环境统计公报》2008 年 9 月 24 日。
② 中国环境保护部:《海上重大污染事故报告》2008 年 6 月 6 日。
③ 《瞭望东方周刊》2010 年 9 月 15 日。

社会发展和文明进步,企业社会性的一面越来越引人关注,所谓企业性能的两重性已成为相关领域的重要科研课题,成为古典经济学与现代经济学的分野。

古典经济学的基本观点是,企业就是要"股东利益为第一"和"追求利润最大化",企业不应承担社会责任,企业承担社会责任会使企业利润最大化的目标受到严重的影响。若企业承担社会责任增加的成本最终还是要转嫁,若转嫁给消费者,会损害消费者的利益;若转嫁给股东,将减少股东扩大企业投资的积极性,不利于企业的发展;若企业自行消化,则直接影响企业的竞争力。古典经济学的这种观点曾长期影响经济社会,致使企业社会责任长期遭到忽视或冷遇。现代经济学的出现在某种程度上就是旨在纠正古典经济学的这一偏颇,将企业社会责任置于企业目标体系和评价体系的重要一环。

我国从一个长期"自给自足"、"重农抑商"、"计划经济"的国度转型为发展商品经济、市场经济,企业自身的逐利性、市场的不完善性、商品的竞争性、政府管理经验不足等等,致使我国企业在改革开放初期根本谈不上社会责任概念,更不要说较晚才出现的环境责任意识。

其次,环保方面的法律法规严重滞后。由于上述意识的影响,我国的《环境保护法》出台较晚,影响很小。现行《环境保护法》是1979年制定、1989年修订、2014年再次修订。该法从计划经济到有计划的商品经济时代,再跨越到市场经济时代,历世事沧桑而长期未变,其内容不但与现实脱节,还存在与其他法规的冲突。其间,我国曾先后制定了近30部环境与资源保护的单行法及相关法规,如《水污染防治法》、《大气污染防治法》、《森林法》、《矿产资源法》、《土地管理法》、《海洋环境保护法》,等等。这些单行法在完善原有《环境保护法》的同时,也产生了上位法与下位法及法律解释的矛盾与冲突。如《环境保护法》(1989)第二十八条规定,"排放污染物超过国家或者地方规定的污染物排放标准的企业事业单位,依照国家规定缴纳超标准排污费"。也就是说,《环境保护法》规定企业缴纳排污费就可以超标排污。而2008年修订的《水污染防治法》第九条则规定,企业应遵守污染物排放标准和总量控制指标提出的禁止性要求,"不得超过国家或者地方规定的水污染物排放标准和重点水污染物排放总量控制指标",《水污染防治法》第七十四条规定:"违反本法规定,排放水污染物超过国家或者地方规定的水污染物排放标准……处应缴纳排污费数额二倍以上五倍以下的罚款。"事实上,我国在较长时间的环境监管实践中,主要依赖于单行法。

《环境保护法》的严重滞后及与诸多单行法的冲突,不但使环保法被架空,处于"束之高阁"的尴尬境地,更严重的是,长此以往环保法的法律尊严将遭消解,国家的法治能力和对环境保护的重视程度将受到怀疑,也会导致部门争利现象愈加严重。好在2015年1月起执行的新修订的《环境保护法》在一定程度上解决了前述问题,也加大了对违法行为的打击力度。

再次,环保部门条块分割,体制造成权力争利。我国有诸多部门与环境保护直接相关,"各自为政"与"利好之惑"使得各部门争相修订单行环保法,而统领性的《环境保护法》则于权限纷争中被架空。一部重要法律,为什么明知长期滞后却未能修订出台? 实际上,全国人大自2002年起,一直不间断地建议修改,也一直未间断地组织人员在调研拟修,直至2014年才得以成行。北京大学环境法学教授、历次环保法修订调研组成员汪劲直言,《环境保护法》修订难产主要缘于环境保护各相关部门权力纷争。[①] 目前,我国跟环境保护直接相关的部门就有国家发改委、环保部、国土资源部、水利部、林业局、海洋局、气象局、农业部等多个部委,各部委争相出台单行环保法,单行法几经修改越来越完善,但这些单行法越

---

① 汪劲:《环境保护法20年未修改遭架空 学界争议废止升格》,《中国经济周刊》(北京)2010年6月15日。

修订,传统资源部门与环保部门的权限界定就越纠结。原因在于,每个部门在修改单行环保法时,都希望法定自己的权力、扩大自己的权限。而各部门权力法定越明确,其他部门就越难以插手。"这实际上是政治体制改革的矛盾,在一定程度上反映到《环境保护法》的修改问题上了,所以一直修改不了。"①可见,表面上是环保法几十年未修改,深层次上反映的则是条块分割、责权不明的管理体制的严重弊端。

第三,企业在生态环保领域社会责任的引领对策。总的来说,要以积极的建设性的思维解决问题和提升企业的环境责任,具体而言:

首先,要树立全员生态责任观和多维管理观,即企业要强化自身的承担意识,社会要发挥舆情的氛围作用,政府要明确推动和监督责任,司法要严把惩戒关口和力度:一是企业自身作为环保的责任主体应率先"承担"起环保责任。因为企业自身是企业社会责任的直接承担者和具体行为者,必须强化自身的环保责任担当意识。具体而言,企业自身要树立共赢意识和战略思维,确信企业的长远利益与生态环保息息相关,确认资源节约不只是经济行为更是道德行为,确保循环经济、清洁生产,加快新型工业化发展,走科技含量高、经济效益好、资源消耗低、人和资源优化和谐的新路子。二是社会作为环保的主要受益者应发挥舆情的"氛围"作用。企业社会责任意识不能简单依赖企业自我孕育与觉醒,而"主要是依靠市民社会的基础和各种社会力量的推动"。② 社会舆情特别是大众传媒不仅有宣传启蒙的义务,还有不可替代的监督能力、氛围导向和压力作用。三是政府作为主要监管者负有不可推卸的"推动"职责。目前,政府的推动力量和作用是企业社会责任担当的首位要素,需要中央政府推动和支持有关部门和各级地方政府,从制定评价评级标准和阶梯发展规划

---

① 汪劲:《环境保护法20年未修改遭架空　学界争议废止升格》,《中国经济周刊》(北京)2010年6月15日。

② 严安:《在构建和谐社会中强化企业社会责任》,《社科纵横》2010年第5期。

到教育培训,再到监督、服务、纠风等等,进行系统化、综合化管理。四是司法部门要严把惩戒关口和力度。法治的效率和力度是环境保护的后盾,司法的介入不但有"以儆效尤"的作用,同时还有"亡羊补牢"的作用,是遏制环保不良现象最有效、最关键的环节。

其次,健全法律体系,清理和优化相关法律,推进企业社会责任法治化。健全和完善法律体系,是引导和匡正企业履行社会责任的重要基础和必要前提。目前虽然我国已经出台了《税收征收管理法》《劳动法》、《环境保护法》等社会责任方面的法律,但在实践中,很多企业都没有很好地贯彻执行。比如,在《劳动法》颁布 10 余年后的今天,不签订劳动合同、不缴纳养老保险等有损员工权益的现象并不鲜见。同时,现行法律也存在不健全、不完善、不具体或不明确的现象。因此,首先要对现有的法律法规进行清理或修订。如有必要在《公司法》、《企业法》、《乡镇企业法》等相关法律中,将企业必须承担的基本社会责任及其制度安排进一步细化;有必要清理现行有关法律法规中与国际惯例冲突、规定过于笼统或约束力不强的条文,增强法律法规的针对性和可操作性;有必要加大执法力度,提高法律法规的权威性和严肃性,加大违法、违规的成本,使企业形成"在严格守法的前提下创造利润"的意识和习惯。

再次,创新奖惩机制,加强激励—约束机制,完善政府的责任机制。一方面,政府要为履行社会责任的企业提供有效的激励机制和政策保障。如在税收、贷款等方面实行必要的政策倾斜或限制;在政府采购、立项资助等方面优先考虑履行社会责任表现好的企业;对履行社会责任表现突出的企业加大表彰鼓励力度,以榜样和示范作用正面激励其他企业。如设立"企业社会责任奖"、评选"优秀企业公民"等。另一方面,政府也要建立约束机制。禁止有不良记录的企业参与政府采购、政府项目投标和立项资助,等等。目前,企业社会责任评价的国际标准是基于发达国家情况制订的,有的地方不符合我国的实际,因而我们要尽快出台一部切合我国实际的企业社会责任评价标准,有必要结合不同地区、行业和企业类型的具体情况研究其对策,也有必要研究国际惯例,将我国实际与国际惯例综合考量。

最后,构建生态补偿法律制度,创建和推进第三方认证制度。随着生态环境问题越来越严重,20世纪90年代以来,生态环境的价值日益引起有识之士的关注,生态补偿问题也提到了研究日程,将生态补偿纳入法治轨道,创建并实施生态补偿制度成为当务之急。生态环境的价值观是建立生态补偿机制的理念基础,以生态补偿制度协调生态环境建设和生态环境保护,是保证"生态良好"、推进可持续发展战略的必由之路和关键环节。国家应按照"谁开发,谁恢复;谁受益、谁补偿"的原则,确立生态补偿的宪法地位,创建生态环境补偿法律制度,明确企业对生态补偿的具体责任。同时,以定期和不定期的企业社会责任评估,确保企业履行社会责任从自律逐步过渡到第三方认证,形成制度化、规范化的管理体系。

总之,承担社会责任是现代企业发展的必然要求。一方面,企业作为营利性经济组织,追求利润是其内在本性;另一方面,企业又是社会的基本组成部分和重要主体,必须在遵守社会规则、承担社会责任的基础上从事经济活动。单纯强调某一方面在实践上都会"两败俱伤"。若一味强调利润最大化,企业将变成只知赚钱的"机器",这样企业会终因无视社会伦理而被社会所抛弃;若一味强调社会责任、社会义务,不顾企业的生存发展规律,则企业就会失去生机、生命力,社会责任也就失去了载体。因此,企业积极主动地承担起应尽的社会责任,是企业和社会的互惠共赢。

第六章　以企业社会责任促进社会和谐发展的基本思路

以企业社会责任促进社会和谐发展,应从全面建成小康社会,构建社会主义和谐社会,促进社会和谐发展的具体实际需要,确立中国特色企业社会责任体系。从实际出发,确立和完善中国特色的企业社会责任推进体系,主要在于以下几个方面。

第一节　完善中国特色企业社会责任体系

从理论的角度,企业践行社会责任,能够增量社会和谐因素,促进社会和谐发展。在现实中,企业具体依据什么样的标准? 企业如何履行社会责任,要有明确的法律规定、明确的政策内容和制度安排。中国作为一个发展中国家,不能简单地拿西方发达国家制定的企业社会责任标准(例如,SA8000 标准)为己所用。

第一,为适应国际上的企业社会责任运动,中国政府已经做出种种回应,诸如,发表《中国企业社会责任北京宣言》、制定了《中国纺织企业社会责任管理体系》(CSC9000T)。这表明,中国已有了自己的社会责任标准。但是,中国的企业社会责任标准还不系统,符合中国实际的企业社会责任标准体系还未形成。确立和完善中国特色企业社会责任体系,要从确立中国企业社会责任标准体系入手。

首先,中国企业社会责任标准与世界接轨,接纳、吸收、内含部分与我国现阶段实际相应的企业社会责任标准。中国企业社会责任标准与国际接轨,这是经济全球化的要求,是中国发展对外经济关系的要求,也是提高中国企业的国际竞争力的需要,势在必行。目前,从国际的视野看,一方面,世界各国都有基于本国企业的社会责任标准,而且就某一领域而言,各国的标准并非完全一致,例如,关于纺织业企业社会责任,中国的标准不同于美国;另一方面,尽管各国企业社会责任标准有所不同,但在国际上已经形成了许多国家所共识的企业社会责任标准和惯例。

在国际上,企业社会责任一般性标准和惯例的较多:一是《世界人权宣言》及《人权遵守状况快速评估方法》、2007 年联合国全球契约领导人峰会《日内瓦宣言》、2006 年全球契约在美国纽约发布的《责任投资原则》等属于国际上有关企业社会责任的原则性规定。二是由世界贸易组织(WTO)、国际标准化组织(ISO)等非政府组织以及企业界或民间组织发起制定的有关市场准入的各项国际认证,例如,ISO9000 系列标准、ISO14000 系列标准、SA8000 社会责任标准、OHSA18000 职业健康安全管理体系标准等,已成为国际上广泛认可的市场准入标准。为此,中国企业能否进入跨国公司供货商行列,能否参与行业的国际分工,能否在行业领域拥有一席之地,不能无视这些国际化的标准。

如果中国乃至中国企业主动应对经济全球化,那么中国政府必须组织制定和完善与国际接轨的本国企业社会责任标准,具体而言,就是要在已有的《中国纺织企业社会责任管理体系》、《中国企业社会责任北京宣言》等的基础上,完善我国企业社会责任的立法工作,形成有关中国企业社会责任的法律体系。同时,还要推进决策的科学化,努力做好有关企业社会责任的政策制定、制度安排的构建等工作,形成既符合我国实际,又与国际接轨的中国企业社会责任标准体系。同时,中国企业必须正视和践行相应的企业社会责任。

其次,中国的企业社会责任标准与我国相关法律制度呼应,是符合中国实际的企业社会责任标准。中国企业自然富有中国特点,中国的社会制度、经济基础、文化传统等与西方国家有着根本的区别。中国企业社会责任标准既要与国际接轨,又要有自己的特点。从企业的角度看,中国企业社会责任标准不和国际接轨,则中国企业难以走向世界,参与国际分工。同时,完全套用其他国家的企业社会责任标准或者国际惯例,将不利于中国企业的成长。由此,中国要建立自己的企业社会责任标准体系。

多年来,中国政府为建立自己的企业社会责任标准体系做出努力,中国已经有了《中国纺织企业社会责任管理体系》、《企业职工工伤保险试行办法》、《安全生产法》、《危险化学品安全管理条例》、《节约能源法》、《关于倡导并推进工业企业及工业协会履行社会责任的若干意见》、《水污染防治法》、《劳动法》、《环境、健康与安全指南》、《劳动合同法》、《AA1000 审验标准(2008)》、《公益事业捐赠法》、《认证认可条例》,等等。

近些年来,中国政府积极倡导并切实推进中国企业社会责任标准化进程,努力构建和完善中国企业社会责任标准化体系。2014 年《中国中小企业社会责任指南》在全国推广实施。2013 年 1 月中国发布了《中国电子信息行业社会责任指南》。2013 年 2 月中国建立全国统一的低碳产品认证制度,即《低碳产品认证管理暂行办法》。2013 年 7 月中国发布《中国企业国际化操作指南》。2012 年中国发布的《质量发展纲要(2011—2020 年)》强调,质量安全"一票否决",强化质量主体作用。2011 年 1 月中华全国总工会发布《中华全国总工会 2011—2013 年深入推进工资集体协商工作规划》,以推进在华的世界 500 强企业建立工资集体协商制度。

此外,中国各省(市)也制定出台了若干有关地方性的企业社会责任政策文件。

上述有关中国企业社会责任标准的法律文件表明,中国已有了自己的企业社会责任标准。同时,我们也应看到,中国企业社会责任标准大多体现在相关法律文件中,而有关行业性中国企业社会责任标准还没有完全构建起来。为此,我国在现有的法律政策基础上,将有的中国企业社会责任标准系统化、行业化,基本形成机械、电子、石化、建筑、食品、金融、煤炭、航运交通、纺织等行业性的企业社会责任标准及指南。

第二,构建以企业责任管理为核心的中国企业社会责任框架,从责任与企业的关联度的角度,中国企业社会责任是由企业内部社会责任和企业外部社会责任两部分构成,企业内部社会责任涉及企业对员工、股东等利益相关者的责任,企业外部社会责任涉及企业对消费者、社区、政府等的社会责任。从企业社会责任涉及的领域,中国企业社会责任包括经济的、道德伦理的、环境的乃至政治的等方面。从企业社会责任的刚柔性看,中国企业社会责任应包括法律领域和道德伦理意义上的社会责任。

当前,我国企业社会责任的具体实际是:企业社会责任的立法和政策滞后,国内各类型企业在企业履行社会责任方面存在的主要问题是安全生产问题、劳工权益问题、产品及服务质量问题、环境污染问题等等。为此,从实际出发,推进企业履行基本的社会责任,即促使国企遵守法律政策、遵守商业道德、关注生产安全、保护劳动者的合法权益等等,而在更高层面上,即企业支持社会慈善事业、关注社区建设、保护社会弱势群体、捐助社会公益等社会责任,则应出于企业的自愿。在推进中国企业社会责任中,切忌舍本逐末,防止企业还未能充分履行其基本责任的情况下,追逐更高层面的社会责任,以提高企业社会形象的现象发生。

第三,与国外一些国家比较,我国推进企业履行社会责任的实际具有特殊性,我国需要在借鉴其他国家经验的同时,形成适合中国实际的企业社会责任管理评估办法和机制。这主要在于:我国基本经济制度决定了我国有国有企业、集体企业、民营企业、外资企业、合作企业等多种不同所有制性质的企业。尽管不同所有制性质的企业都应履行社会责任,但因其经营管理尚有一定的差异性,企业社会责任的内容和程度也有所不同。所以,要探索并形成适应不同所有制性质的企业社会责任推进机制,以促进企业更好地履行社会责任,促进社会和谐。当前,我国应从全面建成小康社会、构建社会主义和谐社会以及贯彻落实科学发展观的战略高度,推进企业履行社会责任,要从国有大中型企业较好地履行社会责任,为中小民营企业做表率的角度,形成企业社会责任的推进机制。

第四,注重企业社会责任意识的培养,形成全社会的企业社会责任意识。作为精神层面的文化,是对现实的反映,又给予现实以巨大的回应。当前我国企业社会责任状况欠佳,是多种因素作用的结果,其中企业自身的社会责任意识观念淡薄,社会对企业社会责任的认识不够,是一个重要因素。因此,"有必要进一步开展广泛的社会责任知识的宣传普及工作,让更多的企业管理者认识到履行企业社会责任对企业加强内部管理、提高整体形象、实现可持续发展的重要作用,从而积极支持企业社会责任工作开展",将企业社会责任意识融入企业文化建设中,并在此基础上形成全社会的企业社会责任意识。

总之,我国在推进企业社会责任过程中,不仅要借鉴其他国家的经验,而且要从中国实际出发。国外发达国家比较重视企业社会责任,并通过政策、立法、文化舆论建立起较为完整的企业社会责任组织体系,政府、非政府组织、学术界、社会公众、媒体等都在推进企业履行社会责任中发挥重要作用。对于国外尤其是发达国家企业履行社会责任的做法和经验,一方面我们要积极借鉴其有益经验,另一方面要从我国实际出发,充分考虑到我国经济社会发展宏观战略,并注意和防止发达国家企业社会责任标准对我国经济社会发展的不利影响。

第二节　以构建企业和谐劳动关系促进社会和谐发展

员工是企业的人力资源,激活企业的活力,主要是激发员工的积极性、主动性和创造性。如果企业劳动关系有失和谐,那么企业则难以拥有持久的活力。如果企业员工的权益得到保障,那么企业劳动关系的和谐则具备了应有的条件。可以说,企业履行社会责任的过程,也是企业完善自身治理结构,健全自身民主管理制度,形成企业内部和谐劳动关系的过程。劳动关系属于社会经济关系,而且是一项基本的社会经济关系,劳动关系的和谐又是非常重要的社会和谐因素,对社会和谐发展具有重要意义。所以,通过企业履行应有的社会责任,形成和谐劳动关系,营造企业内部利益相关者关系的和谐,并以和谐劳动关系增量社会和谐因素,促进社会和谐发展。

第一,企业履行对员工的社会责任,保障劳动者的权益,这是构建企业和谐劳动关系的前提和关键。劳动关系的和谐表明:企业内部人的要素资源优化,员工的积极性得到焕发。劳动关系的和谐不仅是企业活力的体现,而且是社会和谐的重要标度。保障员工的权益,构建和谐的劳动关系,是企业应有的社会责任。

按照我国《公司法》、《劳动法》以及国际劳工标准等法律文件,企业员工的权益涉及安全生产、劳动工资、保险福利、休息休假、工作时间等等,企业有责任保障员工的各项权益。当前,构建企业和谐劳动关系的关键在于:促使企业保护劳动者的合法权益。

第二,强化政府劳动监察部门对企业履行社会责任的管理和监督,通过政府的作为,促使企业履行社会责任,构建和谐劳动关系,以促进社会和谐发展。和谐劳动关系不是自然生成的,是政府、企业、社会、员工共同作用的结果,企业自觉地构建和谐劳动关系,更多来自政府的介入、法律的约束、员工诉求、社会压力等等。在全面深化改革,建设中国特色社会主义的新时期,大中型国有企业、较有影响的民营企业、有一定规模的外资企业基本上能遵守国家法律政策。在这些企业里,企业员工的合法权益基本能得到保障。但是,也不排除一些企业存在延长工时、不能足额按时发放工资、生产安全条件差、不签订劳动合同、不承担或有限承担员工的社会保障责任等现象。这些现象是企业社会责任缺失的表现,它往往与政府的作为短板或不够密切相关。所以,必须加大政府的工作力度,有效管理和监督企业履行社会责任的状况,以构建和谐劳动关系,促进社会和谐发展。

第三,企业履行社会责任,在企业内部形成和谐劳动关系,营造企业内部的和谐以促进社会和谐发展,需要着眼于"三方协商机制"的完善。"三方协商机制"中的"三方"指的是:企业派出的代表、政府劳动和社会保障部门、工会。在"三方协商机制"中,企业派出的代表代表企业,工会代表职工,政府劳动和社会保障部门依法作为,三方商议、协调有关劳动关系的重大问题,在我国,"三方协商机制"是在市场化经济改革及社会主义市场经济发展中形成的,目前,"三方协商机制"还处于起步阶段,在运作的程序化、制度化以及主体构建上,有诸多不完善之处。所以,要发挥"三方协商机制"在构建企业和谐劳动关系中的作用,就要完善"三方协商机制"。完善"三方协商机制"主要在于:一是促使工会成为真正意义上的主体,促使国有企业成为真正意义上的主体,促使协商中的主体均衡。二是通过广泛的工资集体协商,来完善"三方协商机制"。三是政府的作用不能忽略,要发挥劳动和社会保障部门的主导作用,及时化解企业劳动关系中的矛盾。

第三节 以强化企业的责任管理和
监督促进社会和谐发展

这里的管理和监督,特指对企业履行社会责任的管理和监督。强化对企业履行社会责任的管理监督,以促进社会和谐发展,就要建立健全行政监督责任和行政监督体系。

第一,加强地方政府对企业履行社会责任的监督主体作用,健全中央对地方政府监督责任的纠察职能,建立社会对行政监督不力的问责渠道。行政监察在企业社会责任担当方面具有不可替代的核心作用,从依法行政视角观之,政府对企业承担社会责任的监督必须以法律来引领,依法律、法规来监察。

从政府的实际监督而言,近年来,破坏生态环境事件、矿难、强拆等恶性突发事件频频发生,不同程度地暴露了地方政府监管的弱化甚至异化。这就提出了对监督主体的问责与监督问题。在理论上,地方政府作为中央政府的下属的公共部门,应该采取有效措施,配合中央政府的监管。事实上,在企业监管中,地方政府与中央政府的目标未必一致,一般情况下地方政府有自身的利益关联或相对独立的经济利益,例如,地方的经济产值。在一般情况下,为获得地方利益,地方政府在企业监管中普遍缺乏主动性,有失察行为和不作为之嫌,甚至监管的主体角色时有扭曲,成为企业的代理人或临时合伙人,充当违反社会责任企业的保护伞。同时,在实际中,甚至帮助企业逃避中央政府的监控和查处。所以,加强地方政府对企业履行社会责任监督主体作用,不但意味着地方政府要依法履职,也意味着中央政府和社会团体的依法问责。此即以民主法治理念健全监督监管体系,在监管方面以法律引领企业承担社会责任。

在监管权或者说执行权上,由于我国的环保、劳动组织等专门监督部门不具有行政强制执行权,又隶属于地方政府,因此,在查处有关案件时很难与地方政府抗衡,无法不受制于地方政府。可见,给予专门监管机关一定的行政强制执行权,建立相对独立的、直属于中央的垂直管理的体系,并以此来健全中央对地方政府监管的纠察职能,是必要的。

第二,支持成立第三方企业社会责任认证、评估和审察机构,尽快颁布相应的企业社会责任审核标准。发端于西方的企业社会责任理论,在西方的社会实践中已经基本形成了一套健全的模式,不但行业有企业社会责任标准,社会还有专门的企业社会责任审核或督察组织。目前,我国还没有成立较为权威的第三方企业社会责任认证、评估和审察机构,也没有形成中国特色的企业社会责任体系。这样一来,我国外贸企业的企业社会责任评估和审察,不是来自国内的,而是接受其他国家公司企业的社会责任标准的评估、审核。这样会引发诸多问题,例如,要给付一定的评估、审核费用,同时外国公司企业的社会责任标准未必一致,从而造成互不认可的问题。所以,有必要成立第三方企业社会责任认证、评估和审察机构,尽快颁布不同行业相应的企业社会责任审核标准。然后由专门的企业社会责任督察组织,定期和不定期地审核督察。鉴于各国先行者的经验,企业社会责任标准最好由非政府组织而不是地方政府来规定,认证活动最好由中立的第三方——专门的中介机构来完成,国家有关部门只负责督查、规范和管理。此为民主法治理念在企业社会责任督查领域的具体落实,是企业社会责任审察"法律化"、"权威化"、"统一化"的表现。

第三,有法必依,违法必究,严格执行相关法律、法规。从法制到法治,法律界乃至全社会都深知,法律不能纸面化,再好的法律如果不执行或执行不严格,都如一纸空文。因为法律"纸面化"会伤害人民对法律的感情和信心。目前,针对企业社会责任,我国已经制定实施了《水资源污染防治法》、《大气污染防治法》、《税法》、《劳动法》、《环境保护法》等相关法律。但是,在实践中,很多企业都没有很好地贯彻执行相关法律,而且在不出现严重公共安全事件之前,企业也没有受到法律应有的惩戒,例如,许多小企业,不和员工签订劳动合同、不给员工缴纳养老保险、加班加点等等。在一些企业中,法律法规中的企业社会责任还没有转化为现实。因此,有法必依,违法必究,严格执行相关法律、法规,看似老生常谈的对策,其实仍然是推进和规制企业承担社会责任的有效方略。

　　值得强调的是,要大力通过社区、媒体(主要是新媒体),向社会公众宣传有关企业社会责任的相关法律内容。此外还要通过高等学校,普及企业社会责任理念和知识,让企业社会责任知识进书本、进课堂、进头脑。因为大众对企业社会责任的概念还比较模糊。例如,在以"您了解'企业社会责任'概念吗?"为题,对320位公众进行的问卷中,有58人选择"了解",占被调查者的18.1%。有262人选择"不了解",占被调查者的81.9%。

表 6-1　公众对"企业社会责任"概念了解情况数据统计

问卷选项	了　解	不了解
数据统计	58	262

　　综上所述,以民主法治建设推进和规制企业承担社会责任,是一个法律问题,也是一个科学管理问题,随着和谐社会建设的不断推进和民主法治理念的不断深入,企业的社会责任必将在法律的引领或强制的履责中不断增强、走向自觉。

主要参考文献

1.《马克思恩格斯选集》第 1—4 卷,人民出版社 1995 年版。

2.《列宁选集》第 1—4 卷,人民出版社 1995 年版。

3.《十七大以来重要文献选编》(上),中央文献出版社 2009 年版。

4.《十七大以来重要文献选编》(中),中央文献出版社 2011 年版。

5.《十七大以来重要文献选编》(下),中央文献出版社 2013 年版。

6.《十八大以来重要文献选编》(上),中央文献出版社 2014 年版。

7.《中共十三届四中全会以来历次全国代表大会中央全会重要文献选编》,中央文献出版社 2002 年版。

8.《习近平谈治国理政》(第一卷),外文出版社 2018 年版。

9.张建东、陆江兵主编:《公共组织学》,高等教育出版社 2003 年版。

10.[美]W.理查德·斯格特:《组织理论:理性、自然和开放系统》,黄洋等译校,华夏出版社 2002 年版。

11.杨春方:《企业社会责任驱动机制研究:理论、实证与对策》,中山大学出版社 2015 年版。

12.李凯:《中国企业社会责任公共政策的演进与发展》,中国经济出版社 2014 年版。

13.贺星星:《新制度经济学视角下的企业社会责任与企业绩效》,经济科学出版社 2015 年版。

14. 李红玉:《企业社会责任消息披露效应研究》,经济科学出版社 2012 年版。

15. 李后强、林凌、张国斌等:《四川蓝皮书:四川企业社会责任研究报告(2014—2015)》,社会科学文献出版社 2015 年版。

16. 易凌等:《企业社会责任及其立法研究》,科学出版社 2015 年版。

17. 何伟强、王静:《社会转型期企业社会责任运行机制研究》,广东人民出版社 2011 年版。

18. 张会芹:《制度环境与企业社会责任行为》,经济管理出版社 2014 年版。

19. 田虹:《企业社会责任效应》,经济科学出版社 2011 年版。

20. 全哲洙:《中国民营企业社会责任研究报告》,中华工商联合出版社 2014 年版。

21. 买生、王忠:《企业社会责任管理研究》,人民日报出版社 2015 年版。

22. 张兰霞、赵咏梅:《我国劳动关系层面的企业社会责任》,经济科学出版社 2013 年版。

23. 任荣明、朱晓明:《企业社会责任多视角透视》,北京大学出版社 2009 年版。

24. 叶陈刚:《企业伦理与社会责任》,中国人民大学出版社 2012 年版。

25. 鞠芳辉等:《消费者选择、企业博弈演化与供应链社会责任》,浙江大学出版社 2015 年版。

26. 匡海波:《企业社会责任》,清华大学出版社 2010 年版。

27. 冯梅、陈志楣、王再文:《中国国有企业社会责任论:基于和谐社会的思考》,经济科学出版社 2009 年版。

28. 钟宏武等:《中国企业社会责任报告》(2014),经济管理出版社

2015 年版。

29. 伍旭中:《企业社会责任的经济学伦理学分析》,安徽师范大学出版社 2012 年版。

30. 王丹:《政府推进企业社会责任法律问题研究》,法律出版社 2010 年版。

31. 华冬萍:《企业社会责任培育过程中的政府作用研究》,苏州大学出版社 2014 年版。

32. [美]约翰·斯坦纳、乔治·斯坦纳:《企业、政府与社会》,诸大建等译,人民邮电出版社 2015 年版。

33. [澳]苏哈布拉塔·博比·班纳吉:《企业社会责任:好的、坏的和丑陋的》,肖红军、许英杰译,经济管理出版社 2014 年版。

34. [美]菲利普·科特勒、南希·李:《企业的社会责任》,姜文波译,机械工业出版社 2011 年版。

35. [德]雷吉娜·巴特、[德]弗兰齐斯卡·沃尔夫:《企业社会责任在欧洲:现实与梦想》,许家林等译,华中科技大学出版社 2011 年版。

36. 鲁刚:《社会和谐与边疆稳定》,中国社会科学出版社 2011 年版。

37. 李伟、潘忠宇主编:《民族伦理与社会和谐》,宁夏人民出版社 2014 年版。

38. 戴桂英:《区域协同、科学发展与社会和谐》,浙江大学出版社 2011 年版。

39. 张瑞敏:《执政新理念:从阶层和谐走向社会和谐》,人民出版社 2010 年版。

40. 李腊生、李金红:《社区民主与社会和谐》,社会科学文献出版社 2010 年版。

41. 敏昶:《社会和谐论》,宁夏人民出版社 2013 年版。

42. 王允武主编:《民族自治地方社会和谐法制保障若干问题研究》,

中国社会科学出版社 2012 年版。

43. 邓泽球:《现代个人与社会和谐发展研究》,厦门大学出版社 2012 年版。

44. 北京市社会科学界联合会、北京师范大学主编:《科学发展:社会管理与社会和谐》,北京师范大学出版社 2011 年版。

45. 侯保疆、杜钢建:《社会和谐视角下地方政府社会管理职能研究》,暨南大学出版社 2011 年版。

46. 李晓曼:《多民族地区构建经济社会和谐系统评价研究》,经济科学出版社 2011 年版。

47. 谭泓:《劳动关系:社会和谐发展的风向标》,人民出版社 2011 年版。

48. 龙斧、王今朝:《社会和谐决定论》,社会科学文献出版社 2011 年版。

49. 崔永和:《思维差异与社会和谐》,湖南师范大学出版社 2009 年版。

50. 姚成林:《科学发展与社会和谐稳定专题研究》,中国人民公安大学出版社 2010 年版。

51. 罗文英:《社会和谐与幸福满足》,华东理工大学出版社 2009 年版。

52. 黄序、肖亦卓、黄士正等:《社会和谐的经济基础:北京建设和谐社会首善之区的收入分配调整研究》,中国经济出版社 2009 年版。

53. 白志刚:《利益公平与社会和谐》,中国社会出版社 2008 年版。

54. 郭彦森:《变革时代的利益矛盾与社会和谐》,知识产权出版社 2008 年版。

55. 社会问题研究丛书编辑委员会:《文化安全与社会和谐》,知识产权出版社 2008 年版。

56. 李培林:《中国社会和谐稳定报告》,社会科学文献出版社 2008 年版。

57. 孙承叔:《资本与社会和谐》,重庆出版社 2008 年版。

58. 郭宇光:《维系社会和谐的精神纽带:如何理解建设和谐文化》, 人民出版社 2008 年版。

59. 程扬:《中国社会和谐史鉴》,人民出版社 2007 年版。

60. 权衡:《收入分配与社会和谐》,上海社会科学院出版社 2006 年版。

61. 窦玉沛:《社会管理与社会和谐》,中国社会出版社 2005 年版。

62. 许华:《马克思社会和谐思想研究》,中国科学技术大学出版社 2014 年版。

63. 李海青:《权利与社会和谐》,山东人民出版社 2009 年版。

64. 李永杰:《现代社会组织与社会和谐发展》,社会科学文献出版社 2014 年版。

65. 孙国华:《马克思主义法学与社会和谐》,法律出版社 2014 年版。

66. 蔡志强:《价值引导制度:社会和谐与党的执政能力建设》,江苏 人民出版社 2013 年版。

67. 魏长领、刘学民、刘晓靖:《道德信仰与社会和谐》,武汉大学出版 社 2013 年版。

68. 冯颜利等:《科学发展与社会和谐基础理论问题研究——马克思 主义哲学出场学研究》,人民出版社 2012 年版。

69. [德]马克斯·韦伯:《新教伦理与资本主义精神》,马奇炎、陈婧 译,北京大学出版社 2012 年版。

70. [英]伊迪丝·彭罗斯:《企业成长理论》,赵晓译,上海三联书店、 上海人民出版社 2007 年版。

71. 徐大建:《企业伦理学(第二版)》,北京大学出版社 2009 年版。

72. ［美］罗杰·康纳斯、汤姆·史密斯:《引爆责任感文化:帮助企业实现目标的金字塔法则》,白小伟译,浙江大学出版社 2012 年版。

73. ［美］A.D.钱德勒主编:《大企业和国民财富》,柳卸林译,北京大学出版社 2004 年版。

74. 金占明、白涛主编:《企业管理学(第三版)》,清华大学出版社 2010 年版。

75. 王路加:《企业五重再造:希伯来智慧与企业管理》,中国书籍出版社 2012 年版。

76. ［美］保罗·C.莱特:《探求社会企业家精神》,苟天来等译,社会科学文献出版社 2011 年版。

77. 吴晓波、袁岳、冯晞、陈凌:《中国企业健康指数报告》,浙江大学出版社 2013 年版。

78. ［美］兰德尔·S.克罗茨纳、路易斯·普特曼:《企业的经济性质(第三版)》,孙经纬译,格致出版社 2014 年版。

79. 高宝玉、鲁德福、艾德乐:《中国地方政府推进企业社会责任政策概览》,经济管理出版社 2012 年版。

80. 钟宏武、张唐槟、田瑾、李玉华:《政府与企业社会责任:国际经验与中国实践》,经济管理出版社 2010 年版。

81. ［美］丹尼尔·F.史普博:《企业理论:将企业家、企业、市场和组织作为微观经济学范畴的内生性因素》,贺小刚、李婧译,格致出版社 2014 年版。

82. 张维迎:《企业的企业家—契约理论》,上海人民出版社 2015 年版。

83. 张维迎:《理解公司:产权、激励与治理》,上海人民出版社 2014 年版。

84. ［美］安索夫:《新公司战略》,曹德骏、范映红、袁松阳译,西南财经大学出版社 2009 年版。

85.[澳]苏哈布拉塔·博比·班纳吉:《企业社会责任:经典观点与理念的冲突》,柳学永、叶素贞译,经济管理出版社 2014 年版。

86.[美]戴维·钱德勒、[美]小威廉·B.沃瑟:《战略企业社会责任:利益相关者、全球化和可持续的价值创造(中国版)(第 3 版)》,杨伟国、黄伟译,东北财经大学出版社 2014 年版。

87.[美]戴夫·格雷、托马斯·范德尔·沃尔:《互联网思维的企业》,张玳译,人民邮电出版社 2014 年版。

88.黄群慧、彭华岗、钟宏武、张蒽等:《企业社会责任蓝皮书:中国企业社会责任研究报告(2013)》,社会科学文献出版社 2013 年版。

89.潘永建:《企业社会责任视角下公司环境责任之完善》,《江西社会科学》2015 年第 5 期。

90.李婉琳:《企业的角色平衡:基于企业社会责任的视角》,《经济问题探索》2015 年第 7 期。

91.张衔、谭克诚:《制度安排与企业社会责任分析:来自欧洲的不同看法》,《马克思主义研究》2014 年第 2 期。

92.杨力:《企业社会责任的制度化》,《法学研究》2014 年第 5 期。

93.张衔、谭克诚:《唯自愿原则企业社会责任观对中国企业建设的影响》,《学术月刊》2014 年第 12 期。

94.何辉:《如何理解我国的企业社会责任现状:政府和企业关系的视角》,《中国社会科学院研究生院学报》2013 年第 3 期。

95.崔丽:《俄罗斯企业社会责任"公私协作"模式考察及借鉴》,《俄罗斯中亚东欧市场》2013 年第 3 期。

96.李冬伟、俞钰凡:《中国大型企业社会责任战略选择动因研究——一个新制度理论解释框架》,《北京理工大学学报》(社会科学版) 2015 年第 3 期。

97. 谭克诚、张衔:《论企业社会责任的美国模式——对当前主流企业社会责任研究范式的一个述评》,《经济问题探索》2014年第2期。

98. 彭前生:《社会和谐的调节机制:基于政治社会学的分析视角》,《云南社会科学》2014年第4期。

99. 李海琼:《基于SA8000标准的我国企业社会责任管理体系的构建与落实》,《前沿》2013年第16期。

100. 黄蕾、李映辉:《企业社会责任沟通策略对比研究》,《湖南社会科学》2013年第4期。

101. 林小星:《谐合管理理论:促进社会和谐的中国特色管理理论研究》,《湖南社会科学》2013年第5期。

102. 赵瑾璐、张志秋、王子博:《基于利益相关者角度的企业社会责任研究》,《经济问题》2013年第12期。

103. 沈奇泰松、蔡宁、孙文文:《制度环境对企业社会责任的驱动机制——基于多案例的探索分析》,《自然辩证法研究》2012年第2期。

104. 范国荣:《国有企业社会责任体系的构建》,《国际经济合作》2012年第1期。

105. 董军、王志红:《基于和谐社会建设的企业社会责任担当与经济、社会整合》,《理论月刊》2012年第3期。

106. 李永杰、郭彩霞:《社会和谐发展研究应予以关注的几个问题》,《理论月刊》2012年第4期。

107. 王敏、顾丽娟:《民营企业社会责任体系的建立和社会管理创新》,《理论月刊》2012年第5期。

108. 李玲:《马克思实践观中的社会和谐》,《贵州社会科学》2012年第6期。

109. 马桂萍:《马克思恩格斯制度观及其对社会和谐发展的重要价值》,《当代世界与社会主义》2011年第1期。

110. 王淑琴、向征:《企业社会责任的伦理学分析》,《道德与文明》2011 年第 1 期。

111. 毛清华、葛平平、马洪梅、王楠:《系统动力学视角下企业社会责任驱动力作用机制研究》,《理论月刊》2011 年第 3 期。

112. 张志勇:《发展哲学视阈下社会和谐的制度建构与定格问题》,《前沿》2011 年第 7 期。

113. 朱丽娅、雍少宏:《企业社会责任内部响应机制分析》,《湖南社会科学》2011 年第 1 期。

114. 刘国章、龚培河:《矛盾过程中的正义斗争与社会和谐的关系探究》,《吉首大学学报》(社会科学版)2011 年第 2 期。

115. 杨敏、高霖宇:《社会互构论视野下的民间力量与社会和谐》,《天津社会科学》2011 年第 2 期。

116. 王露璐:《经济伦理视野中的企业社会责任及其担当与评价次序》,《伦理学研究》2011 年第 3 期。

117. 李英超:《社会公正与社会和谐》,《内蒙古农业大学学报》(社会科学版)2011 年第 3 期。

118. 邹广文:《论企业责任与社会和谐》,《理论视野》2011 年第 10 期。

119. 高丽萍:《马克思社会和谐发展思想及其当代价值》,《湖南社会科学》2011 年第 5 期。

120. 彭建国:《企业社会责任的原因、内容与动力——"三因三色三力"理论》,《宏观经济研究》2010 年第 1 期。

121. 刘世平:《社会和谐根源的哲学新探》,《理论月刊》2010 年第 4 期。

122. 刘德佳、赵连章:《论构建和谐社会进程中的企业社会责任》,《科学社会主义》2010 年第 2 期。

123. 霍益辉:《社会和谐的哲学解读》,《湖南社会科学》2010 年第 3 期。

124. 蒋广庭:《协调经济利益关系是维护公平正义和社会和谐的首要问题》,《湖南社会科学》2010 年第 3 期。

125. 李刚:《霍布斯社会和谐思想及其现实启示》,《理论探讨》2010 年第 5 期。

126. 曲庆彪、王家驯:《企业社会责任视角下的社会和谐问题探究》,《科学社会主义》2010 年第 5 期。

127. 廖生智、孙来斌:《从粗放到包容:化解经济增长与社会和谐悖论的理念和路径超越》,《理论月刊》2013 年第 9 期。

128. 李爱军、孙来斌:《经济增长与社会和谐悖论的生成与化解》,《思想理论教育》2013 年第 13 期。

129. 曹华林、胡铁、张馨:《基于共生理论企业社会责任战略研究》,《前沿》2010 年第 5 期。

附录 企业社会责任履行现状
调查问卷(公众认知卷)

亲爱的同志:

您好! 企业社会责任已经日益同战略、顾客购买行为、品牌、盈利能力等关键词联系在一起,是社会和谐发展的基本要求。但是近年来部分企业社会责任缺位现象已经引发各种不和谐因素,影响了社会的和谐发展。为了解我国企业社会责任履行情况以及推动企业履行社会责任,我们做了此次调查。本次调查采用无记名方式进行,您的答案只做学术统计使用,而且我们将严格保密,请放心作答。

请在每个问题后适合您情况的答案序号上打"√",如无特殊说明,每个问题只选一个答案。

占用了您的宝贵时间,向您表示诚挚的谢意!

1.您的性别?

①男　　　　②女

2.您的受教育程度属于下列哪种情况?

①小学及以下　　　②初中　　　③高中　　　④大学及以上

3.您的年龄是?

①25 岁及以下　　②26—35 岁　　③36—45 岁

④46—55 岁　　⑤56—65 岁　　⑥66 岁及以上

4.您的职业是?

①公务员　②医生、教师及科研人员　③个体户和其他自谋职业者

④企业管理者　⑤企业员工　⑥学生　⑦其他

5.您了解"企业社会责任"概念吗？

①清楚了解　②有一定了解　③听说过但不了解　④没听说过

6.您认为企业社会责任的基础内容是什么？（请选择您认为最基础的三项）

①员工发展与权益保障　②环境保护　③依法纳税　④公益慈善

⑤客户导向　⑥社会稳定与进步　⑦促进就业　⑧商业道德

7.您知道企业社会责任标准（SA8000）的具体内容吗？

①知道所有　②知道一些

③听说过但不知道具体内容　④完全没听过

8.您（您周边的熟人）所任职的企业有没有接受过相关社会责任履行的检查或认证？

①有　②没有　③不清楚

9.据您了解,您周围的企业员工待遇怎么样？

①与当地平均水平持平　②高于当地平均水平

③低于当地平均水平　④不了解

10.根据您对周边企业的了解,这些企业是否履行了对员工的内部责任？

①完全履行了内部责任　②履行部分责任

③完全没有履行责任　④不了解

11.假如您是企业的普通员工,您最希望企业从哪方面予以保障？

①提供培训　②提高待遇　③安排住宿

④保障权益　⑤解决子女入学问题　⑥其他

12.你所在社区周边有没有企业？

①有　　②没有

13.如果有的话,属于什么领域的企业?

①食品加工与制造　②化工　③印刷印染

④纺织与服装加工　⑤金融　⑥其他

14.您觉得您所在社区面临的最大的环境问题是什么?

①空气污染　②水源污染　③噪声污染

④固体废弃物污染　⑤其他污染

15.您认为上述环境问题是否是企业排污所致?

①是　　②不是

16.您认为企业最应该履行的环境保护责任是什么?

①生产环保性的产品和服务　②减少污染排放　③降低耗能

④促进生态可持续发展　⑤其他

17.您所任职的单位是否有过公益捐赠行为?

①经常有　②偶尔有　③从没有　④不清楚

18.您所在社区有没有接受过来自周边企业的捐赠?

①多次接受过　②很少接受　③从没接受过　④不清楚

19.如果接受过企业的捐赠,这些捐赠主要用于?

①环境保护　②救灾　③扶贫

④社区公益　⑤社会基础设施建设

20.您认为企业的捐赠对本地社会发展的意义如何?

①只是作秀,没有任何作用

②一定程度上促进了社会的稳定和进步

③极大地推动社会和谐发展　④不好说

21.您会购买不愿意履行社会责任企业的产品或服务吗?

①拒绝购买并尽可能劝说别人不要购买

②自己不会购买但不关心别人是否购买

③不妨碍自己购买

④只要产品好就会劝说别人跟我一起购买

22.企业社会责任报告,是关于企业履行社会责任的情况介绍,包括遵纪守法、诚信经营、照章纳税、善待员工、节能减排、慈善捐赠等内容。您是否了解企业社会责任报告?

①读过　　②听说过但没有读过　　③第一次听说

23.您觉得企业社会责任报告的重要性程度如何?

①非常重要　　②比较重要　　③不太重要　　④不重要

24.您主要通过哪种途径了解相关企业社会责任履行情况?

①政府　　　②电视、广播、报纸、杂志等　③行业协会　④专家学者

⑤企业社会责任报告　⑥其他

25.您认为企业履行社会责任的最重要意义在于?

①有助于提升企业形象　　　②有助于提升企业效益

③有助于促进社会和谐发展　④是企业进入世界市场的通行证

⑤其他

26.您(您的亲朋好友)所在的企业对社会责任的重视程度如何?

①非常重视　　②比较重视　　③不太重视

④不重视　　　⑤不知道

27.在您看来,企业履行社会责任的最主要动力是什么?

①增强企业竞争优势　　　②提升企业品牌形象

③应对竞争对手的压力　　④应对来自社会的舆论压力

⑤实施企业公共关系战略　⑥为社会发展做贡献

28.您怎样评价我国企业社会责任履行状况?

①非常好　②比较好　③一般　④不太好　⑤非常不好

29.您认为我国企业社会责任履行过程中存在的最大问题是什么?

①偷税漏税　②虚假广告宣传　③产品质量低劣

④劳工权益得不到保障　⑤威胁居民公共安全

⑥破坏当地生态环境　　⑦其他(请注明)

30.您认为产生这些问题的最主要原因是什么?

①市场经济发展的必然现象　　②政府监管不到位

③企业社会责任履行意识欠缺　④法律法规滞后

⑤舆论引导不够　　　　　　　⑥公众参与监督缺乏

31.您认为当前最迫切需要企业履行的社会责任是什么?

①产品安全责任　②公共安全责任　③依法纳税责任

④环境保护责任　⑤公益事业责任　⑥其他(请注明)

32.如果您是企业经营者,您在履行社会责任过程中会注重哪些方面?(请选择您认为最重要的三种)

①遵纪守法,按照法律法规要求进行生产或提供服务

②依法纳税,不偷税漏税

③注重产品质量,为消费者提供优质产品和服务

④节约资源,节能减排,注重环保

⑤信息公开,不提供虚假广告

⑥为员工提供安全的生产环境和良好的福利待遇

⑦保护小股东利益,为股东创造价值

⑧积极开展慈善活动和社会公益活动

33.您认为最应当强制推行履行企业社会责任的领域是什么?

①食品行业　②医疗保健行业　③采矿冶金行业　④服装纺织行业

⑤印刷印染行业　⑥移动通信行业　⑦金融行业　⑧其他行业

34.您认为推动企业社会责任履行的主导力量是?

①企业　②政府　③新闻媒体　④社会大众

35.您认为下列哪类企业更应该承担社会责任?

①国有企业　②跨国公司　③民营企业

后　记

　　促进社会和谐发展,是一个理论问题,也是一个现实问题。在现实中,企业作为社会经济组织,赋有社会责任,是促进社会和谐发展的重要力量。企业经营活动导出企业与企业、企业与政府、劳资之间、企业与相关社会组织、股东之间、企业与环境、企业与社区、企业与消费者等众多的企业内外部社会关系,而这些社会关系的和谐,是社会和谐发展的要求和体现。构造企业经营活动所导出的种种社会关系的和谐,并以此促进社会和谐发展,必须促使企业履行社会责任。企业履行社会责任,赋有构建和谐劳动关系和增量社会和谐因素的功能。企业通过履行社会责任,形成人与人的社会关系的和谐,以及人与自然的和谐,从而促进社会和谐发展。同时,社会和谐发展,既促进企业履行社会责任,又赋予企业发展以良好的社会环境。企业社会责任与社会和谐发展互为促进。企业社会责任包括企业内外部社会责任,涉及经济、法律、道德等多领域。

　　本书围绕企业社会责任与社会和谐发展的内在关联,以企业社会责任为核心,以社会和谐发展为目的,主要从以下几个方面展开论述。

　　一是企业与社会的内在关联;二是企业社会责任的内涵、理论依据及实践;三是社会和谐发展的多维阐释;四是社会和谐发展中企业社会责任的必然性及其构成;五是以社会和谐发展引领企业承担社会责任的主要路径;六是以企业社会责任促进社会和谐发展的基本思路。

在以往的相关研究中,将社会和谐发展与企业社会责任联系起来展开研究的较少,本书以企业社会责任为研究的切入点,从企业社会责任层面研究构建社会主义和谐社会,促进社会和谐发展问题,这一研究视角有所创新。

本书的出版是作者持续关注企业社会责任(CSR)与社会和谐发展问题,并在完成国家社科基金项目"企业社会责任(CSR)与社会和谐发展"(09BKS027)基础上完成的。

本书写作分工为:前言由马桂萍撰写;第一章由任春雷撰写;第二章由李玉珂撰写;第三章由鲍雪松撰写;第四章由苑晓杰撰写;第五章由杨艳茹撰写;第六章由曲庆彪撰写。全书由曲庆彪、马桂萍统稿。

此外,在完成本书过程中张龙做了一定的辅助工作。同时,在完成本书过程中参阅并借鉴了有关专家学者的研究成果,对此,我们尽可能地以注释和参考文献的形式加以注明,在此向相关专家学者表示真诚的敬意和感谢! 此外,还要特别提到的是:人民出版社的孔欢等老师的帮助及辛勤劳动才使得本书尽快与读者见面,在此深表谢意!

责任编辑:孔　欢
封面设计:吴燕妮
版式设计:东昌文化

图书在版编目(CIP)数据

企业社会责任与社会和谐发展问题研究/曲庆彪,李玉珂,苑晓杰 著. —北京:
　人民出版社,2019.3
ISBN 978－7－01－020549－6

Ⅰ.①企…　　Ⅱ.①曲…②李…③苑…　　Ⅲ.①企业责任-社会责任-
研究-中国　　Ⅳ.①F279.2

中国版本图书馆 CIP 数据核字(2019)第 050628 号

企业社会责任与社会和谐发展问题研究
QIYE SHEHUI ZEREN YU SHEHUI HEXIE FAZHAN WENTI YANJIU

曲庆彪　李玉珂　苑晓杰　著

人民出版社 出版发行
(100706　北京市东城区隆福寺街 99 号)

涿州市星河印刷有限公司印刷　新华书店经销

2019 年 3 月第 1 版　2019 年 3 月北京第 1 次印刷
开本:710 毫米×1000 毫米 1/16　印张:12
字数:155 千字

ISBN 978－7－01－020549－6　定价:39.00 元

邮购地址 100706　北京市东城区隆福寺街 99 号
人民东方图书销售中心　电话 (010)65250042　65289539